现代经济管理与市场营销
创新探析

鲁 宾◎著

山西出版传媒集团
山西经济出版社

图书在版编目（CIP）数据

现代经济管理与市场营销创新探析 / 鲁宾著. 太原：山西经济出版社, 2025.7. — ISBN 978-7-5577-1546-5

Ⅰ. F2；F713.50

中国国家版本馆 CIP 数据核字第 2025XS6388 号

现代经济管理与市场营销创新探析

XIANDAI JINGJI GUANLI YU SHICHANG YINGXIAO CHUANGXIN TANXI

著　　者：鲁　宾
选题策划：吕应征
责任编辑：丰　艺
装帧设计：李宁宁

出 版 者：山西出版传媒集团・山西经济出版社
地　　址：太原市建设南路 21 号
邮　　编：030012
电　　话：0351-4922133（市场部）
　　　　　0351-4922142（总编室）
E-mail：scb@sxjjcb.com（市场部）
　　　　zbs@sxjjcb.com（总编室）

经 销 者：山西出版传媒集团・山西经济出版社
承 印 者：山西康全印刷有限公司

开　　本：710mm×1000mm　1/16
印　　张：10.25
字　　数：220 千字
版　　次：2025 年 7 月　第 1 版
印　　次：2025 年 7 月　第 1 次 印刷
书　　号：ISBN 978-7-5577-1546-5
定　　价：68.00 元

前　言

经济管理融合了自然科学、人文科学以及社会科学等多学科知识，同时涵盖政治、经济等多个领域，充分体现出其综合性与一体化特征。它不只是各类学术理论的整合，更是跨越不同专业领域的实践应用。经济发展、社会进步与经济管理研究存在相辅相成的关系：一方面，社会和经济的快速发展为经济管理理论注入新的思想元素，拓宽了研究方法；另一方面，深入探究经济管理理念，其目标始终是更好地促进和支撑经济与社会进步，追求可持续发展的长远愿景。

随着经济全球化进程加速，科技领域创新不断涌现，应用范围持续拓宽、深度不断加深，国际经济形势复杂多变。国家间、品牌间、企业间的竞争日益激烈。在这样的宏观环境下，不管是政府层面，还是企业个体，提升经济管理效能、探索管理模式创新都显得尤为关键。

毋庸置疑，单纯的理论研究若不与实际相结合，很难体现其真正价值。无论是深入剖析传统经济管理理念，还是审视现代经济管理模式，最终目的都是为了更好地指导经济管理实践。科学理论应作为基础支撑，实践经验则应成为行动的有效指引。只有将两者有机结合，才能在现代经济管理中发挥更大效能。我们需要传承并创新发展具有历史价值的传统经济管理思想，依据当前经济发展水平和国家发展阶段的实际需求，对这些思想进行现代化解读与革新。这不仅是让传统智慧适应现代社会需求，更是确保其能有效服务于我国现代化经济管理活动，进而推动整体经济和社会协同进步。

为保证本书内容的广度与深度，写作期间广泛参阅了众多文献资料，在此向相关领域的专家学者致以诚挚谢意。鉴于作者水平有限，书中或许仍存在不足或遗漏之处，恳请广大读者批评指正，以便我们持续改进和完善。

目 录

第一章　经济管理基础理论 ... 1
- 第一节　经济管理概述 ... 1
- 第二节　经济管理的职能、内容与方法 ... 6
- 第三节　经济管理的效益及评价 ... 20

第二章　宏观经济管理 ... 23
- 第一节　宏观经济管理的特点 ... 23
- 第二节　宏观经济的总量平衡 ... 27
- 第三节　宏观经济的周期性波动 ... 28
- 第四节　宏观经济管理目标 ... 35
- 第五节　宏观经济监督的形式与内容 ... 40

第三章　区域经济发展理论与战略 ... 43
- 第一节　区域和区域经济 ... 43
- 第二节　区域经济发展战略的准则 ... 47
- 第三节　各类型地区区域经济发展战略研究 ... 52

第四章　企业经济管理 ... 58
- 第一节　企业经济管理概述 ... 58
- 第二节　企业的经济目标与管理活动 ... 71
- 第三节　企业在经济发展中的作用 ... 77

第五章　营销视角下企业经济管理的创新发展 ... 80
- 第一节　营销的核心概念及其重要性 ... 80

第二节　市场营销计划与营销策略 …………………………… 81
　　第三节　网络营销及其对企业经济管理的作用 ………………… 98

第六章　企业市场营销策略与经营决策分析 ……………………… 105
　　第一节　企业市场营销策略 …………………………………… 105
　　第二节　经营决策方法 ………………………………………… 118
　　第三节　经营决策敏感性分析与风险程度评价 ………………… 124

第七章　新媒体时代企业市场营销战略创新措施 ………………… 127
　　第一节　有针对性地制定市场营销战略 ………………………… 127
　　第二节　构建多重联动新媒体宣传体系 ………………………… 132
　　第三节　市场营销思路与内容紧跟新媒体热点 ………………… 134
　　第四节　利用新媒体进行企业品牌宣传 ………………………… 139

参考文献 ……………………………………………………………… 155

第一章 经济管理基础理论

第一节 经济管理概述

一、经济管理的性质和原则

福利经济学与微观经济学的融合，构成了公共部门经济学的理论基础与方法论核心。荷兰学者汉斯·范登·德尔和本·范·韦尔瑟芬在《民主与福利经济学》中提出，福利经济学的本质在于通过优化资源配置，提升社会整体福利水平。这一学科主要从三个维度展开研究：其一，建立社会福利的规范性标准；其二，分析制度安排如何实现这些社会目标；其三，对现行福利政策与实施机构进行系统性评估。其研究范畴既涵盖公共政策对社会价值分配的调节作用，也涉及政策实施所产生的社会效益与成本核算。

从研究范式来看，福利经济学聚焦三大核心议题：公共利益界定、公共资源配置机制以及社会福利最大化。该学科不仅关注经济增长的总量问题，更着重强调社会财富分配的公平性。尽管阿罗"不可能定理"引发了理论争议，但福利经济学的基本分析工具，包括"效用"概念、"帕累托改进"标准、"帕累托最优"状态以及"社会福利函数"等，仍在公共部门经济学研究中发挥着重要作用。这些理论工具为政府干预经济提供了系统的规范分析框架，指导着公共部门的经济决策与实践。

福利经济学在理论上着重探讨社会选择准则、收入再分配机制以及资源的最佳配置；从实践层面而言，它借助这些理论标准，评估基于不同体系（如政府调控和市场机制）运作的经济模式，以确定最优的经济形态。该学科的分析框架立足于社会选择准则，尤其关注资源配置效率与帕累托最优状态。为达到上述原则所要求的标准，福利经济学还深入研究了实现公平分配的理论依据及其操作原则，并通过社会福利函数等数学模型表达不同的学术观点，助力决策者做出符合社会整体利益的选择。

公共部门经济学的理论建构呈现出鲜明的双重分析视角。从微观视角切入，该学科重点破解市场机制运行中的四大核心矛盾：垄断势力的规制、外部效应的内部化、公共产品的有效供给以及收入分配的结构性失衡。这些研究不仅致力于修补市场缺陷，更着眼于构建更具包容性的社会福利体系。在宏观视野下，其研究范式转向对国民经济整体运行质量的把控——对内通过财政货币政策组合拳平抑经济波动，对外则依托国际收支调节机制维护开放经济条件下的动态平衡。这种"微观纠偏"与"宏观维稳"的双轨分析框架，构成了现代公共部门经济学完整的方法论体系。

经济科学的分析维度存在根本性分野：微观经济学犹如显微镜，聚焦家庭消费决策与企业生产行为的微观机理；宏观经济学则像望远镜，观测国民收入、就业水平等总量指标的周期性波动。在微观经济学的理论图景中，经济活动主体被解构为二元互动模型：作为要素供给者的居民与作为产品供给者的企业，通过价格信号的传导完成资源的最优配置。这套分析工具不仅揭示了消费者效用最大化与企业利润最大化的行为逻辑，更发展出从局部均衡到一般均衡的完整理论链条。值得注意的是，现代公共部门经济学的重大突破，正是源于微观经济学分析工具的精细化发展，特别是20世纪中叶以来一般均衡理论的突破性进展。

在实践层面，公共部门经济学创造性地移植了微观经济学的分析范式。通过构建严谨的数理模型，政府部门得以量化评估政策干预的机会成本，科学测算公共项目的沉淀成本，最终实现社会福利函数的优化。这种实证分析方法成功将政策讨论从价值判断层面提升到科学论证高度。具体而言，当面临市场失灵困境时，决策者可以借助弹性分析、成本收益分析等微观工具，制定更具针对性的干预方案。例如在自然垄断行业，通过边际成本定价法则来平衡效率与公平；在存在外部效应的领域，运用科斯定理或庇古税等手段实现社会成本的内在化。这种理论工具向政策工具的转化，充分彰显了微观经济学对公共部门经济学的方法论支撑作用。

经济管理，是指管理者或管理机构为实现特定目标，对社会经济活动实施预测、决策、规划、控制及监督等一系列实践活动的统称。它是人们在共同劳动中不可或缺的需求，构成了一个庞大且复杂的系统，同时也是统一协调的整体。经济管理具有双重特性：自然属性和社会属性。其自然属性体现在，它反映了协作劳动、社会化生产以及生产力发展的需求；而社会属性则体现在，它反映了社会生产关系的需求。这种二重性是马克思首次提出的理论观点，他认为管理的二重性由生产的二重性所决定。也就是说，经济管理的自然属性是所有经济管理共有的特征，而社会属性则是根据不同社会形态表现出的独特方面，二者共同构成同一管理过程中的两个不同维度。理解并掌握经济管理的二重性原理，对于探索和认识社会主义经济管理的客观规律至关重要，有助于我们发展和完善中国特色社会主义经济管理学。同时，这也有利于我们在推进社会主义现代化建设和市场经济发展过程中保持正确方向。

经济管理原则，是指在经济管理中用于观察和处理问题的准则和标准。这些基本原则主要包括遵循客观规律、注重物质利益以及追求最佳效益。

二、现代管理的基本原理

企业管理的基本原则，源自长期实践中的智慧沉淀，是广泛适用于各类管理情境的根本法则。它们深刻揭示了企业管理工作内在的必然规律，为管理者的实践活动提供明确指引与规范。一旦企业管理者忽视这些原则，违背管理的根本法则，就会面临客观规律的严峻考验，进而遭受重大损失。

（一）系统原理

所谓系统，是由多个相互关联且彼此依存的组成部分（即要素或子系统）构成的有机整体。这些部分协同作用，以实现特定功能，并且该整体存在于一定环境之中。系统广泛存在于我们周围，依据不同考量角度，可将其归类为多种不同类型。

每一个管理对象本质上都可视为一个独特系统。在现代管理体系中，每个基本成分并非独立存在：一方面，它隶属于某个特定系统的内部结构；另一方面，它也会与其他系统建立各种交互关系。为实现科学管理的最佳效果，必须对这些管理系统进行全面深入分析。这正是现代管理学中系统理论所强调的核心观点。

运用系统原理进行分析，需清晰理解几个要点：识别构成系统的各个组成部分；了解这些部分在系统内部及外部的相互作用与联系；明确系统及其各组成部分所发挥的功能；考量系统生成与演变过程对其当前状态的影响以及未来发展走向；探究维持、优化和发展系统的基础动力与影响因素，并探寻提升系统效能的方法。

基于这种系统性思考，管理中的决策和行动均建立在全面的系统评估之上。尤其要注意，系统具备四个核心属性：目的性、整体性、层次性、环境适应性。

（二）人本原理

人本原理的核心在于强调，所有管理实践都应以激发人的潜力、改善人的工作状态为根本。在推进我国社会主义现代化进程中，必须坚持这一原理，确保所有行动都从保障人民的根本权益出发，尊重个人正当愿望，保护其利益。为促进全社会成员的全面发展，需采取一系列措施，充分调动各级管理者及全体劳动者的工作热情、主动性和创新精神，这是达成既定目标的关键所在。因此，首要任务是构建适宜的体制框架；其次，营造有助于人们发挥才能的良好氛围；再者，确立积极的人才观念，鼓励人才合理流动。

（三）责任原理

在管理实践中，应基于合理分工，明确界定各部门和个人需完成的任务，并确保他们承担相应责任。同时，妥善协调责任、权力与利益之间的关系至关重要。管理的核心在于实现责、权、利三者的和谐统一。这三者如同一个等边三角形的三条边，相互平衡且相辅相成。而能力则如同这个等边三角形的高，通常略短于边长，以保持工作的挑战性并激发个人成长。在实际操作中，若管理者的能力稍逊于职责要求，会产生一定压力感，这种感觉不仅能激励管理者不断学习、更新知识，还能促使他们充分利用顾问和支持团队的作用。谨慎行使权力成为自然选择，工作本身即为一种内在驱动力。当然，能力也不应过低，以免无法胜任相应职责。有观点认为，在高层管理中，理想状态是能力略高于职责要求；而在中基层，适当让能力略低于职责要求，或许更为适宜。

（四）效益原理

管理活动的本质追求是实现资源转化效能的最大化，其核心在于构建"投入—产出"的最优值函数关系。这种效能优化包含双重维度：量化层面的运营效率与质化层面的目标达成度，二者共同构成组织管理的价值坐标系。在实践层面，效能提升呈现四种典型范式：投入恒定下的产出扩张、产出稳定下的投入压缩、产出增速超越投入增速的良性发展，以及最优化的"双降双升"模式——即投入递减与产出递增同步实现。

要实现这种管理效能的跃升，需构建系统化的管理优化体系：首要环节是建立科学的预测机制，通过数据建模提升决策精准度；其次是实施系统重构工程，对组织结构、流程设计等要素进行动态调适；最后要完善绩效评估闭环，形成"计划—执行—反馈—改进"的持续优化机制。这种管理方式不仅能实现资源集约化利用，更能推动组织价值创造能力的迭代升级，最终达成经济效益与社会效益的帕累托最优。

值得注意的是，现代管理实践正经历从粗放式增长向精细化运营的范式转变。在此过程中，管理效能的衡量标准已从单一的财务指标扩展到包含客户价值、创新能力、社会影响等多元维度的综合评估体系。这种转变要求管理者必须具备系统思维，能够在资源约束条件下，通过结构优化和流程再造，实现组织价值创造能力的非线性增长。

（五）创新原理

创新是指组织根据内外环境变化趋势，在继承传统管理精髓的基础上，对现有管理模式进行改革、优化和发展，以提升和完善管理效能。这一过程不仅涉及对现有要素的重新组合或分解，更是基于现有基础的进步与创造。创新原理作为指导实践的理论基石，为人们提供行动方向和方法论支持。无论是大规模革新还是细微改进，创新活动虽存在不同层次差异，但其应用领域广泛无界。只要能科学理解和运用创新的基本原则、规律及具体方法，那么无论处于哪个岗位，处理何种事务，身处何地、何时，都有可能实现创新。这意味着每个人都有潜力成为创新者，每件事都有改进空间，每个地方都蕴含创新机会，每一天都可以是创新契机。

（六）可持续发展原理

可持续发展并非仅关注经济或社会的单一维度，也不只是生态的持久性，而是强调以人类为核心，整合自然、经济和社会三个方面的复合系统持续发展。这一理念旨在通过积极调控自然—经济—社会复合系统，确保在不超出资源和环境承载能力的前提下，推动经济发展、维护资源长期可用性，并提升人们生活质量。可持续发展的标准并非固定不变，因为人类社会进步是一个无尽过程，它更多反映复合系统的运行状况和发展趋势。这种发展理念包含生态、经济和社会三个相互关联且不可分割的方面：生态持续是基础，为其他两个方面的持续提供必要自然条件；经济持续是实现社会进步的手段和条件；而社会持续是最终目标，即提高人类生活质量和社会福祉。因此，人类共同追求的目标应是自然—经济—社会复合系统的整体、稳定和健康发展。

（七）动力原理

动力原理强调，有效的管理需要具备强大驱动力，且只有正确运用这些驱动力，才能确保管理活动的持续性和高效性。

在管理实践中，驱动力主要来源于三个方面：物质激励、精神激励和信息交流。其中，物质激励是最基础的形式，它通过满足人们对经济利益的需求来引导和管理经济行为；精神激励则侧重于利用信念、价值观等非物质因素，激发个人的积极性、主动性和创新精神；信息交流作为第三种驱动力，通过促进信息有效流通，增强组织成员之间的理解和协作，进而产生推动力。

在现代管理中，正确应用动力原理需注意以下三点：一要综合运用多种驱动力，使其相互补充、协调一致，以达最佳效果；二要正确理解并妥善处理个体与集体之间驱动力的关系，找到两者平衡点，使个人目标与组织目标相统一；三要重视"刺激量"概念，即根据实际情况调整激励措施强度，确保既不过度也不不足。

(八) 能级原理

在现代管理体系中，组织及其成员的作用和影响力存在不同程度差异，因此可对其进行分类。这种分类指的是构建一套有序、规范且标准化的体系。简而言之，现代管理追求设立恰当的能级结构，确保所有管理活动都能灵活适应相应层级。这一理念即为现代管理学中的能级原则。

在现代管理实践中应用能级原则时，有三个关键点需特别关注：一是能级管理应遵循分级制度，同时保持组织结构的稳定性；二是各个不同的能级应体现其独特的权限、职责、物质奖励及精神认可；三是必须确保各层级之间维持一种动态的匹配关系。

(九) 时空原理

所谓时空原理，指的是现代管理活动在特定的时间和空间框架内展开。为实现高效管理效果，必须深入理解并灵活应对时空变化，进而科学、合理且高效地利用时间与空间资源。

鉴于时空变化与物质状态的动态特性紧密相连，在现代管理实践中审视任何事物发展时，都需重视其在时空维度上的演变。通常情况下，时空变化体现在几个方面：一是系统内部结构会随时间推移而发生调整；二是随着地点或环境不同，系统的构成也会有所改变；三是系统运动状态转变的速度往往与时空条件变化同步；四是时间和空间本身是可以相互转换的。

第二节 经济管理的职能、内容与方法

一、经济管理的职能

我国已构建起一套独具特色的社会主义市场经济体系，它既继承了市场经济的基本特征，又融合了社会主义的特殊属性。在经济迅猛增长的同时，我们也面临着一系列不容忽视的挑战：一方面，经济发展的物质基础尚不坚实；另一方面，整体经济发展水平仍有待提高。

现阶段，中国经济环境呈现出两个显著特点：其一，生产力增长速度较快，为国家奠定了较为坚实的物质基础；其二，尽管如此，生产力的整体发展水平依旧不高。具体表现为社会生产现代化程度不足、综合生产能力欠缺、劳动效率低下以及人均产值低于全球平均水平。此外，农业作为国民经济的重要组成部分，其现状尚无法充分支撑经济的进一步发展以及民众生活水平的提高。在这种背景

下，如何协调好国家宏观调控与市场自我调节之间的关系成为关键问题。政府需要巧妙发挥其经济管理职能，做到"有所为，有所不为"。

（一）明确政府的经济管理职能

1. 预测职能

经济预测是对未来经济活动发展趋势的预估和推断。它是制定经济决策与规划的基础，为准确把握经济环境及其变动提供必要条件，也是提升经济效益不可或缺的保障。为确保经济预测的有效性，必须遵循以下原则：系统性原则、连续性原则、类推原则。在进行经济预测时，通常遵循一系列标准步骤和程序：明确预测目标和具体任务；搜集并分析相关数据资料；选择合适的预测方法进行计算；对预测结果进行评估和验证。经济预测方法主要分为定性分析预测法和定量分析预测法两大类。

2. 决策职能

经济决策是指在经济管理过程中，个人或群体对未来经济发展和社会目标的设定、规划路径、行动计划、改革方针及关键措施等方面做出的选择与决定。其流程大致如下：首先进行深入调查研究，明确存在的问题；接着设定明确目标并设计多种可行方案；然后对这些方案进行全面评估，选择最优方案；最后执行选定的决策，并持续监控效果、收集反馈。经济决策的重要性体现在多个方面：它是经济管理体系的核心部分，指引着从宏观到微观不同层面经济行为的方向；贯穿于整个经济管理周期，自始至终发挥着指导作用；正确的决策能够确保经济建设成功，带来良好经济效益，反之则可能导致不利后果；此外，经济决策还对社会整体以及公众心理状态有着深远影响。

3. 计划职能

经济计划是依据经济内在关联性，对未来经济活动进程进行具体的组织和安排。在中国经济管理实践中，经济计划仍发挥着不可或缺的作用。我国的社会主义计划体系涵盖经济发展计划、社会进步计划以及科技发展蓝图等一系列计划。计划职能体现在根据组织所处的内外环境及实际情况，设定合理的发展战略与目标，并通过具体工作计划将这些战略目标逐步细化，确保分工明确、协作顺畅，最终形成有序的战略执行框架和资源分配方案。这一过程通常包括以下步骤：确定发展目标；明确实现这些目标的前提条件；探索多种可行实施方案；对各方案进行评估；选择最优方案；制定辅助性计划；编制预算，使计划内容得以量化；最后实施该计划。在制定经济计划时应遵循的原则包括：结合长期、中期和短期规划；兼顾稳定性和灵活性；平衡可行性和创新性；同时考虑实际能力并预留调整空间。

4. 控制职能

经济控制是确保决策目标达成和规划顺利完成的一系列管理活动，包括对经济行为的审查、监管以及调整。要有效实施经济控制，需满足三个核心条件：所有控制措施必须以既定目标为导向；控制过程需依据明确标准执行；须存在有效的组织架构支撑控制活动。

根据不同分类标准，经济控制可分为多种类型。从系统关系角度，可划分为自主性控制与外部施加的控制；从实施方式出发，有直接介入型控制和间接影响型控制之分；基于控制活动在经济流程中的时间节点，又可进一步细分为事前预防性控制、实时现场控制及事后反馈控制。这三种类型的控制各有特点，其效果和具体要求也不尽相同。在实践中，实现经济控制的方法多样，包括但不限于会计控制、预算控制、审计控制、人员行为控制等。

5. 监督职能

经济监督，简言之，是对经济领域内各项活动实施监察与指导的过程。监察环节侧重于对经济行为主体的各项活动进行监督和核查，确保其遵循相关法律法规、政策导向及制度规定；同时，评估经济活动是否达到既定目标，一旦发现偏离或未达标情况，深入探究偏差产生的根源及导致失误的具体因素。督导部分则着重于对经济活动的推动与引导，通过纠正存在的偏差，保障经济活动顺畅且高效地进行。

对社会经济活动实施经济监督，是出于客观且迫切的需要，其必要性主要体现在生产力和生产关系两大维度上。在我国当前市场经济发展阶段，经济监督对于确保经济活动平稳有序进行不可或缺。原因在于，我国当前经济体系中多种所有制形式并存，不同所有制背景的经济组织经济利益各异。在分配领域，我国坚持"按劳分配为主体，多种分配方式并存"的原则。此外，从我国现实状况出发，在推动社会主义市场经济发展过程中，难免会遭遇各种破坏经济秩序、触犯法律的行为等。

经济监督涵盖的范畴十分广泛，依据我国当下实际情况，其主要内容包括计划监督、财政监督、银行业监督、工商行政管理监督、产品质量监督、安全生产监督、财务管理监督以及审计监督等多个方面。

在实施经济监督过程中，有几个关键点需特别关注：必须强化经济监督在组织体系、规章制度以及思想意识方面的建设；监督行为需严格遵循经济活动流程进行；经济监督的全过程应细致做好计划制定、成本核算、数据分析以及效果检查这四个重要环节的工作。

6. 激励职能

激励职能是管理者通过不同激励方式，激发人们的需求与动机，调动内在积极性，释放潜能的管理过程。

激励职能的特点包括作用普遍且持久、表现形式多变且差异显著、效果难以精确衡量。激励类型分为目标激励、奖罚激励、支持性激励、关怀激励及榜样激励。主要激励理论有 ERG 理论、期望理论、公平理论。

（二）完善监督制度，充分发挥行政体系内外部监督作用

监督机制的建立，能够迅速揭示政府在经济活动中的"越权"或"角色错位"现象，促使相关部门迅速识别并纠正错误。通过不断健全监督体系，可确保政府在经济调控中始终保持审慎态度，精准界定并行使经济管理职权。在经济发展进程中，政府应专注于职责范围内的管理，避免过度干预，防止经济受到不必要的行政束缚。此外，有效的监督还能激励政府工作人员提高工作效率，确保他们在处理经济事务时行动迅速。这是政府在经济管理中实现"有所为，有所不为"的关键所在。

（三）政府宏观调控时抓好软硬环境优化

政府在进行实体管理和程序管理时，应确保过程公开透明，特别是那些直接影响公众利益的行政事务，除非涉及国家安全、经济稳定或社会和谐等敏感信息，其余均应对社会开放，以增强公民的知情权和监督能力。这不仅提高了透明度，还提升了公众参与度。特别是在政策法规方面，政府应强化透明度，通过加大宣传力度和构建统一且高效的政策信息平台，确保政策法规信息能够及时发布、广泛传播并保持更新。为提高行政效率，政府应采用便捷多样的管理方式，充分利用现代科技手段，如互联网、电话、邮件等通信工具，使行政审批、许可、确认及给付等具体行政行为更加高效。在审批制度改革中，遵循成本效益原则，简化层级，将多级审批简化为一级审批；优化部门协作，从多部门分散审批转变为联合审批；减少重复环节，实现一次性审批，并建立标准化操作流程。此外，还需注重改善基础设施这一"硬环境"。按照"规划科学、布局合理、功能齐全"的理念，加速城市化进程，提升城市品质与功能，增强对外吸引力。加强水电供应、道路建设和通信设施建设，高标准规划行政区、文化体育活动区、商业住宅区、工业区和商贸区，旨在打造现代化的新城格局，为吸引投资创造有利条件。

二、经济管理的内容

管理经济学作为应用经济学的关键分支，为企业经营决策构建了一套逻辑严谨且系统的分析体系。它聚焦于影响企业日常运营与长远规划决策的经济因素，将微观经济学原理巧妙应用于实际管理情境，成功搭建起经济学理论与企业决策

之间的沟通桥梁。管理经济学为企业决策提供了必要的分析手段与方法，需求分析、生产效能、成本管控以及市场态势等关键领域，均是其核心内容。

（一）人力资源管理

1. 人力资源概念的界定

人力资源概念分为狭义与广义两种。狭义的人力资源，指特定时期内处于劳动年龄且具备劳动能力的人口数量。从广义层面来看，一个国家或地区在同一时段的全体人口，无论是否具有劳动能力，都被涵盖其中，既包括有劳动能力者，也包含无劳动能力者。在研究人力资源时，应摒弃片面、浅层的理解方式，运用全面且动态的视角深入探究。

2. 人力资源的特点

人力资源具有能动性与创造性、时效性与连续性、动态性与消费性、再生性与适度性等特性。为推动我国人力资源开发与管理水平的提高，可采取一系列举措：持续贯彻计划生育政策，夯实优质人力资源发展的根基；大力兴办教育事业，全方位提升国民素质；广泛开拓就业途径，积极鼓励创业带动就业，充分挖掘人力资源潜力；健全人力资源市场机制，促使人才实现合理配置；深度挖掘企业员工潜能，全力激发其生产积极性与创造力。

3. 现代人力资源管理的基本原理

同素异构原理是现代人力资源管理的重要准则。该原理指出，即便事物的组成成分相同，但由于结构形式与排列顺序不同，所产生的结果和影响也会截然不同。以化学领域的金刚石和石墨为例，二者均由碳原子构成，然而因为空间排列方式不一样，金刚石坚硬无比，石墨却质地柔软且能导电。在企业管理范畴，该原理同样适用。例如在团队协作场景下，同样的团队成员，由于角色分配或合作模式的差异，工作效率与成果可能大相径庭。在生产流程中，相同的劳动力，通过调整工作安排或人员调配，也能极大地改变劳动产出效率。这充分凸显了构建灵活可变、能动态调节的组织系统的重要意义。因此，为保障企业高效运转，务必建立完善的组织人事调控机制。企业要依据自身生产经营需求，注重内部信息的有效传递与反馈，及时对组织架构和人员配置进行优化调整，以确保整个系统顺畅运行。

能位匹配原理：人员招聘、选拔与任用机制的核心在于能位匹配原理的应用。这一原理主张，根据职位的具体要求和候选人的实际能力，将合适的人才安排到合适的岗位上，以确保岗位需求与员工能力之间达到最佳的契合度。"能"代表个人的能力和专长，"位"则指代具体的工作岗位或职位，而"匹配"强调的是两者之间的一致性和协调性。企业中员工的能力发挥程度、工作效率以及工作成果，均与能位匹配的程度密切相关。能位适合度指的是员工的能力与其所处岗位的要求之间的契合水平。当能位适合度高时，意味着人才配置合理，即每个岗位都能找到最适合它的人选，每个人也能在其岗位上充分发挥自己的才能，这不仅能够提高工作效率，还有助于员工能力和职业发展的持续进步。反之，若岗位不适合，则可能导致效率低下和人才浪费。为了实现这一目标，企业应建立一套基于岗位分析和评价制度的科学体系，利用人员素质测评等技术手段，确保招聘、选拔和任用过程中的每一个环节都能够准确评估候选人与岗位的匹配度。通过这种方式，从根本上提高岗位适合度，使企业的人力资源得到最优化的开发和利用，从而为企业创造更大的价值。

互补增值与协调优化原则：员工配置及调节机制。根据这一原则，组织应充分利用每位成员的独特才能，通过精心调配和优化组合来实现团队整体效能的最大化。具体而言，就是识别并强化每个员工的优势，同时规避他们的劣势，以此集合整个团队的力量，确保人力资源、物资资源以及财务资源的高效利用。个人总是存在一定的局限性，但当人们组成团队时，便能够通过协作、弥补彼此不足，构建出更为有效的组织结构，从而达成单个个体难以企及的目标。在实施互补增值的过程中，必须重视主观努力与客观条件之间的平衡。所谓的协调，指的是确保团队内部结构适应工作任务的需求，契合公司的总体目标，并且与生产设备、劳动环境及企业内外部生产背景相匹配。而优化，则意味着基于对比评估挑选出最合适的协作模式。互补的方式多种多样，包括但不限于个性特征、体力状况、年龄层次、知识领域、技能水平、管理能力，以及适应主客观环境变化的能力等方面的互补。

效率优先、激励强化原理：员工酬劳与激励机制。效率优先与激励强化原则强调将提升工作效率置于核心地位，并通过有效的激励机制来引导员工，确保他们能够明确工作目标和方向，保持内在的积极动力。在企业运营中，所有活动都应围绕提高效率展开，各级管理者需要灵活运用多种激励措施，以激发员工的积极性和创造力。为了实现这一目标，必须建立清晰的奖惩制度，确保奖励和惩罚分明。这不仅有助于各项规章制度的有效执行，也能促使每位员工自觉遵守劳动纪律，坚守岗位，尽职尽责地完成各自的任务。反之，如果工作成果不被重视，无论是否付出努力或工作质量如何都没有区别对待，那么就无法形成正面的示范效应，不利于激发优秀表现、促进落后者进步以及带动中坚力量，最终影响企业的整体运作质量。此外，通过构建积极的企业文化，特别是弘扬企业精神，可以教育和感化员工，增强团队凝聚力和个人归属感。同时，及时的信息交流和系统的培训也是不可或缺的一环，它们可以帮助员工获取最新的信息和技术知识，促进他们在思想观念和专业知识上的不断更新与发展。

公平竞争、相互促进原理：员工竞争与约束机制。公平竞争与相互促进原则强调在企业人事管理中贯彻"三公"（公正、公平、公开）理念，即所有人事活动都应遵循公正对待每个人、公平处理每件事、公开透明的原则。这一原则提倡为所有员工提供相同的起点、规则和标准，在评估上做到公正，在奖惩方面保持公平，并确保信息的公开透明。为了激发员工的积极性和创造力，企业应当组织形式多样的竞赛活动，如"比、学、赶、帮、超"，通过比赛和竞争的方式鼓励员工之间的良性互动，从而提升士气，营造积极向上的工作氛围。在社会主义市场经济环境下，企业应该搭建一个体现"三公"精神的竞争平台，吸引广大员工参与其中，让他们能够在这样一个重视效率和平等竞争的环境中展现自己的才能。此外，企业应致力于创造条件，鼓励员工在生产量、产品质量和技术操作等方面展开竞争。这种竞争不仅有助于挖掘员工的潜力，还能促使他们在实践中不断提升自我，实现个人价值的最大化。

动态优势原理：员工培训开发、绩效考评与人事调整机制。动态优势原理强调在不断变化的环境中，合理用人和管理人才，以充分发挥和挖掘员工的潜能与智慧。这一原则意味着，在工作实践中，员工与岗位之间的匹配并非一成不变，绝对的适合是相对的，而不适合则是常态。因此，企业需要重视员工绩效评估，并积极开发员工的潜在能力和智力资源，以维持企业在人才竞争中的持续优势。鉴于所有社会现象都在不断发展变化，企业的人员构成同样处于流动状态。正如"流水不腐，户枢不蠹"所言，为了保持组织的活力和效率，企业内部的人才应当有合理的进出机制，包括职位的升降、人员的更替等。通过这样的动态调整，可以确保每个员工的能力得到最有效的利用，使其优势和特长得以发挥，同时也有利于企业和个人共同成长和发展。

（二）对财力的管理

1.财力及其运用

财力，从本质上来说，是一个国家或者地区在特定时期内，所拥有的社会总产品所对应的货币价值体现。其动态变化过程大致可拆解为三个紧密相连的阶段：起始于财力的创造，也就是常说的"生财"环节；随后进入财力的积累阶段，即"聚财"；最后则是财力的分配与运用，也就是"用财"。这三个阶段并非孤立存在，而是相互依存、相互影响，共同构成了财力持续循环与不断发展的动力链条。详细来讲，生财作为整个流程的发端，同时也是最终的归宿，为后续的聚财和用财活动提供了最根本的物质保障。聚财在其中起到了至关重要的调节作用，它决定了生财成果能够以何种规模、何种效率被合理运用到用财环节中。而用财环节的核心目标，就是要反哺生财活动，通过合理的资金投入，进一步推动生产经营活动，实现财力的持续增长，二者呈现出相辅相成、协同共进的关系。

2. 财力的集聚与使用

在财力集聚方面，主要聚焦于两个关键方向：一方面是对国内社会总产品价值的深度挖掘与积累，另一方面则是积极拓展国外资金市场，吸引其中的流动资金为我所用。为达成这一目标，有多种行之有效的途径可供选择，常见的包括财政集资、借助金融机构进行融资以及合理利用外资等。在当下我国市场经济蓬勃发展的大背景下，除了持续强化财政集资这一传统手段之外，更需要高度重视金融机构融资的高效性以及外资利用的合理性。财政集资具有强制性与无偿性的显著特征，能够在特定时期迅速集中大量资金；而金融机构融资则凭借其有偿性以及高效的资金周转机制，为各类经济主体提供了灵活多样的融资渠道。在财力使用过程中，必须严格遵循一系列科学合理的原则：首先，要有全局意识，从整体出发进行全面统筹规划；其次，要善于集中优势资源，全力保障重点项目的资金需求，确保资源投入能够产生最大效益；再者，要充分考量自身实际经济实力，量力而行，坚决避免出现过度支出的情况；最后，要切实做好财力平衡工作，维持资金流入与流出的动态平衡，保障经济活动的稳健运行。

（三）对物力的管理

1. 物力的概念及其管理内容

物力所涵盖的范畴极为广泛，它囊括了能够满足人类生产与生活实际需求的所有物质资源，总体上可以划分为物质资料和自然资源这两大类。物力管理工作主要围绕两大核心内容展开：其一，是对物力资源的开发、供应流程进行精细化管理，以实现物力资源的高效利用；其二，是对自然资源实施严格的保护措施，确保生态环境的可持续性。

2. 物力管理的核心任务

在物力管理过程中，需要充分遵循自然规律与经济规律，紧密响应国家建设资源节约型、环境友好型社会的战略号召。同时，要紧密结合经济发展的现实状况以及民众生活的实际需求，科学合理地开展物力资源的开发、供应、利用以及保护工作。其最终目的在于构建一种既能有效节约能源，又能切实保护环境的经济增长模式与消费方式，确保物力资源得以合理且可持续地利用，进而有力推动经济与社会的持续健康发展，为人类文明的不断进步贡献力量。

3. 关于自然资源开发利用与管理的要求

针对自然资源的开发利用与管理工作，必须严格依据国家主体功能区规划，量身定制与之相匹配的开发利用和管理计划。在资源开发过程中，要始终秉持可持续发展的基本原则，进行适度、有序的开发，坚决杜绝因过度开发导致的资源枯竭与生态破坏。积极倡导循环经济理念，通过技术创新与流程优化，实现资源的综合利用，显著提高资源的使用效率。此外，还要坚定不移地致力于生态文明建设，切实加强对自然资源的保护力度，同步做好环境保护相关工作，实现经济发展与生态保护的双赢局面。

（四）对科学技术的管理

1. 科学技术的定义

科学，本质上是对人类长期实践经验进行系统梳理、总结，并在此基础上进行理论升华的成果。它构建起了一套关于自然界、社会现象以及思维发展规律的完备知识体系。而技术，则是将这些科学知识具体应用于改造自然界实践活动中的工具总和，其外在表现形式涵盖了生产设备、工艺流程、操作技能以及与之相关的各类硬件设施等多个方面。

2. 科学技术管理的关键内容

科学技术管理工作包含多个关键要点。首先，要精心规划科学技术的长远发展蓝图，将工作重点聚焦于攻克那些严重制约经济和社会发展的核心技术难题，为产业升级与社会进步提供强大的技术支撑。其次，要积极组织并协调各类科研合作项目以及技术攻关活动，通过整合各方优势资源，加速科技成果的转化与应用推广进程，使其能够迅速转化为现实生产力。再者，要高度重视自主创新能力的培育与提升，在注重技术创新的同时，合理引进国外先进技术，实现自主研发与技术引进的有机结合。最后，要大力加强创新型科技人才团队的建设工作，通过完善人才培养机制、优化人才发展环境等措施，为科技进步打造坚实的人才保障基础，确保科技创新活动拥有源源不断的智力支持。

（五）对时间资源的管理

1. 时间资源的本质特征

时间表现为所有动态物质的存在方式。它具有不可逆的特性，意味着流逝的时间无法回头；同时，时间的供给是固定且不容置疑的，不存在替代品。此外，时间在分配上既体现出平等的一面，又存在差异性；它可以被视为无尽的延续，但具体到每一刻又是稍纵即逝。

2. 管理时间资源的原则

管理时间资源旨在相同的时间成本下，通过一系列调控措施来增强时间使用的效率和效果。这主要体现在两个方面：一是对制造周期的把控（从生产要素投入到最终产品产出所需的时间），二是对分销过程中的停留时间进行监管（产品自离开生产线至抵达消费者手中的这段时间）。

3. 优化时间资源的方法

确立清晰的经济活动目的，以此指导并约束时间的使用；精心规划日程，并严格执行以确保时间的有效利用；改进操作流程，提升工作效能，从而最大化地利用每分每秒；同时，要保证生产和生活之间的和谐，合理安排休息与娱乐，维持整体生活的平衡。

（六）经济信息管理分析

1. 经济信息的本质与特性

经济信息是对经济活动全貌及动态变化的全面反映，涵盖各类消息、情报以及资料。它具有显著特性：社会性决定了其在社会经济运转中广泛存在且相互关联；时效性要求信息必须紧跟经济活动节奏，及时反映当下状况；连续性体现为经济信息随时间不断积累，连贯记录经济发展轨迹；流动性则保障信息在不同经济主体、领域间顺畅流通，促进经济交流与协作。

2. 经济信息的多元分类视角

（1）来源维度。原始信息是经济活动中未经加工的一手资料，如企业日常交易单据、市场即时价格数据等，真实且直观；加工信息则是在原始信息基础上，经筛选、整理、分析后形成的，像经济数据分析报告、行业趋势研究等，更具系统性与决策参考价值。

（2）内容维度。内部信息源自经济主体自身运营，包括企业财务报表、生产进度记录等，反映内部运营状况；外部信息则来自经济主体外部环境，如宏观经济政策发布、行业竞争对手动态等，影响主体发展战略。同时，历史信息记录过往经济活动，为总结经验提供依据；未来预测信息基于现有数据与趋势分析，辅助前瞻性决策。

（3）获取方式维度。常规信息是通过既定流程与渠道定期获取的，如企业按周期统计的销售数据、政府部门定期发布的经济指标；偶然信息则是在特定意外情况下偶然获取的，像突发市场事件引发的价格剧烈波动信息，虽难以预料，但可能对经济决策产生重大影响。

3. 经济信息管理的流程与准则

（1）管理流程。信息收集阶段，需广泛涉猎多渠道信息源，涵盖市场交易平台、行业数据库、政府公告等，确保信息全面性。加工处理环节，运用专业方法对收集到的信息去伪存真、分类汇总、深度分析，提炼关键要点。传递过程要搭建高效信息传输网络，保证信息迅速送达需求方。存储时依据信息类别、重要程度等进行有序归档，方便随时查询调用。

（2）管理准则。准确性要求信息真实可靠，数据精确无误，避免因错误信息导致决策失误；及时性强调信息传递与处理要迅速，在经济活动快速变化中抢占先机；适用性确保提供的信息契合决策需求，与特定经济主体、决策场景适配，发挥最大价值。通过严格遵循这些流程与准则，深度挖掘经济信息潜在价值，为经济管理决策筑牢坚实基础，助力经济高效、稳健发展。

三、经济管理的方法

组织在运用经济管理手段和行政管理手段时,各自呈现出独特的特点。组织本身具有一种综合效应,这一效应源于组织成员间的协同作用。组织管理,本质上是构建组织结构、设定职务岗位、明确权责关系的过程,旨在促进组织成员协作与共同努力,以高效达成组织既定目标。

(一)经济方法:遵循经济规律的管理之道

经济方法作为一种关键的经济管理手段,依托经济组织,借助各类经济手段,严格遵循客观经济规律来规划、组织与调控经济活动。要准确把握经济方法,需深刻理解其核心要点。

遵循客观经济规律是根本。经济活动有其内在运行逻辑,如价值规律、供求规律等。经济方法的运用必须顺应这些规律,才能实现经济的平稳发展与资源的有效配置。

物质利益原则是实质。通过合理分配经济利益,激发经济主体的积极性与创造性。无论是企业追求利润最大化,还是员工期望薪资福利提升,都是物质利益原则在不同层面的体现。

完善的经济核算为基础。借助精确的成本核算、效益评估等经济核算方式,清晰掌握经济活动的投入产出,为决策提供数据支撑,确保资源投入的合理性与收益的最大化。

经济杠杆是调控关键。在实践中,主要依靠价格、税收、信贷、利率等经济杠杆来调节经济运行。这些杠杆如同经济活动的"调节阀",对经济主体的行为产生引导作用。

经济组织是实施载体。企业、行业协会等各类经济组织,作为经济方法的具体执行者,将经济手段落实到日常经济活动中,推动经济有序运转。

经济方法具有鲜明特点。一是利益导向性。以经济利益为驱动力,引导经济主体做出符合自身利益与整体经济目标的决策。例如,企业因税收优惠政策调整生产方向,增加环保产品生产。二是平等性。在经济杠杆作用下,各类市场主体面临相同的市场规则与经济环境,机会均等。无论大型企业还是小微企业,在税收政策、贷款利率等方面都遵循相同标准。三是有偿性。经济活动中的资源交换、服务提供等均遵循等价有偿原则,保障经济关系的公平性与可持续性。如企业购买原材料需支付相应货款。四是应用范围广泛。从宏观经济调控到微观企业运营,从国内经济活动到国际经济交往,经济方法无处不在。国家通过财政政策调节宏观经济,企业利用价格策略参与市场竞争。五是高效性。借助经济杠杆的灵敏调节,能迅速对经济变化做出反应,实现资源的快速优化配置。当市场需求发生变化时，价格杠杆可以促使企业及时调整生产规模与产品结构。

科学运用经济方法的关键在于巧妙驾驭经济杠杆。其一，明确作用范围与目标。不同经济杠杆功能各异。税收杠杆可通过税率调整，影响企业和个人的经济行为，调节收入分配，引导资源流向国家鼓励的产业领域。信贷杠杆主要针对资金融通，在宏观层面，调节货币供应量，平衡社会总需求与总供给；在微观层面，助力企业合理融资，优化资本结构，加速资金周转，提升经济效益。例如，为扶持新兴产业发展，政府可通过低息贷款政策，降低企业融资成本。其二，构建协同体系。各经济杠杆并非孤立存在，需相互配合、协同发力。税收政策与信贷政策联动，如对环保产业实施税收优惠的同时，提供专项低息贷款，能更有力地推动产业发展，形成"1+1＞2"的调控效果。

（二）法律方法：法治护航经济发展

1. 法律方法的特征

法律方法是国家凭借立法与司法权力，对经济活动进行规范与管理的重要方式。其具有如下显著特征。

（1）权威性。法律由国家制定并强制实施，具有至高无上的权威性，任何经济主体都必须严格遵守。

（2）强制性。一旦经济主体违反法律规定，将受到相应制裁，确保法律的严肃性与执行力。

（3）规范性。法律明确界定了经济活动中各主体的权利与义务，为经济行为提供清晰的规范与准则。

（4）稳定性。法律在一定时期内保持相对稳定，为经济活动提供可预期的制度环境，利于经济主体制定长期发展战略。

2. 法律方法的作用

在经济管理中，法律方法不可或缺，具有多方面的作用。

（1）保障经济活动有序性。法律明确经济活动规则，约束市场主体行为，避免无序竞争与经济混乱，确保经济活动在法治轨道上平稳运行。

（2）保护多种所有制权益。通过法律手段，保护公有制经济的主体地位，同时保障非公有制经济的合法权益，促进多种所有制经济共同发展。

（3）促进国家经济政策落地。将国家经济政策以法律形式固定下来，增强政策的权威性与执行力，确保政策目标得以实现。

（4）推动科技进步。通过知识产权保护等法律规定，鼓励企业创新，激发科技研发活力，促进科技成果转化为现实生产力。

（5）加强国际经济合作。在国际经济交往中，依据国际法与国际惯例，保障本国企业合法权益，营造良好的国际经济合作环境。

（6）维护经济秩序。严厉打击经济犯罪，如偷税漏税、商业欺诈等行为，维护公平公正的市场秩序。

（三）行政方法：权力驱动的经济管理手段

1. 行政方法的特性

行政方法是行政组织凭借行政权力，对经济活动进行直接管理的方式，具有如下特性。

（1）强制性。行政指令具有强制执行力，经济主体必须无条件服从，以确保行政目标的实现。

（2）直接性。行政组织直接对经济活动进行干预与指挥，决策与执行迅速，能在短时间内对经济活动产生影响。

（3）无偿性。行政组织在履行管理职能时，无需遵循等价交换原则，如政府对特定地区实施财政补贴。

（4）单一性。行政方法主要依靠行政命令、指示等单一方式进行管理，决策过程相对集中。

（5）时效性。能快速应对紧急经济状况，在特定时期内发挥重要作用。

2. 行政方法在经济管理中的重要作用

（1）助力任务完成。凭借行政权威，有效组织劳动群众与经济组织，高效完成特定经济任务，如在重大基础设施建设项目中发挥组织协调作用。

（2）把控经济方向。国家通过行政手段，制定经济发展规划与产业政策，引导国民经济朝着既定方向发展，保障宏观经济稳定。

（3）完善市场体系。行政组织可通过规范市场准入、监管市场行为等方式，促进社会主义市场体系的健全与完善。

然而，行政方法也存在局限性，一是抑制经济活力，过度依赖行政指令可能束缚企业自主性与创造性，降低市场主体的创新积极性，导致经济活力不足；二是破坏经济联系，行政的条块分割管理方式可能打破经济活动的内在联系，影响资源的合理流动与优化配置；三是引发无偿调配，无偿性特点可能导致行政组织不合理地调配资源，造成资源浪费与分配不公。

为科学运用行政方法，需做到以下几点。一是深入调研，充分了解经济实际情况与客观规律，确保行政决策符合经济发展需求，避免盲目决策；二是明确权责，清晰界定各级行政组织与领导者的权力与责任范围，防止权力滥用与责任推诿；三是优化机构，精简行政机构，提高行政效率，降低行政成本，提升管理效能；四是关注民生，始终将群众利益放在首位，在决策过程中发扬民主，广泛听取各方意见，保障决策的科学性与公正性。

（四）构建合理经济管理组织的基本原则

构建高效合理的经济管理组织，是管理者充分履行职能的重要前提，需遵循以下基本原则。

1. 效率至上原则

在经济管理组织的结构设计、机构布局以及人员配置等方面，都应以提高管理效率为核心目标，优化组织流程，减少不必要的中间环节，确保信息传递迅速、决策执行高效。

2. 权责对等原则

依据经济管理任务与管辖范围，赋予各级组织与人员相应的权力，并明确其应承担的责任。权力是履行职责的保障，责任是行使权力的约束，二者相辅相成，避免有权无责或有责无权的现象。

3. 层级与幅度适配原则

合理确定组织层级与管理幅度。一般而言，在组织规模一定的情况下，层级越少，信息传递失真风险越低，管理幅度越大，组织灵活性越高。但需根据实际管理需求，找到层级与幅度的最佳平衡点。

4. 统一领导下的分级管理

在整体经济管理活动中，必须坚持统一领导，确保经济发展目标与政策的一致性。同时，实行分级管理，充分发挥各级组织的积极性与主动性，使管理更贴合实际情况。

5. 稳定性与适应性兼顾原则

经济管理组织需保持相对稳定，以保障管理工作的连续性与规范性。但面对不断变化的经济环境，组织也应具备一定的适应性，能够及时调整结构与职能，应对新挑战与新机遇。

6. 执行与监督分离原则

将经济管理组织的执行职能与监督职能分开设置，形成有效的内部制衡机制。执行部门专注于政策落实与任务执行，监督部门负责对执行过程与结果进行监督检查，确保管理活动合法合规、公正透明，提高管理的有效性与公信力。

第三节 经济管理的效益及评价

在经济活动的广阔版图中,经济效益犹如一座关键的灯塔,精准衡量着投入与产出之间的微妙关系。投入维度涵盖劳动过程中的消耗以及资源的占用情况,产出维度则直观展现劳动所凝结的最终成果。经济效益的高低,不仅紧密依赖于劳动成果的数量多寡,更与劳动消耗及资源占用量呈反向关联。在评估经济效益的过程中,比率法、差额法、百分率法等多种科学方法各展其长,从不同视角洞察经济活动的成效。而在评价经济效益时,需秉持全面且系统的思维,兼顾宏观、中观、微观层面效益的协同发展,平衡短期利益与长期发展的关系,促进经济、社会、环境效益的和谐共生。

企业作为经济活动的活跃主体,其经营活动无一不围绕追求经济效益这一核心目标展开。经济管理,作为企业管理体系的关键枢纽,通过一系列行之有效的管理举措,为企业的健康发展注入强劲动力。本文基于对企业经营效益的深入探究,全面剖析提升经济管理水平的策略,旨在助力企业夯实内部管理根基,为实现更高盈利水平搭建稳固桥梁。

一、锚定经济管理在企业经营管理中的核心地位

(一)精细资金管理,夯实企业经济根基

资金管理堪称企业经济管理的核心命脉,资金状况犹如一面镜子,清晰反映出企业经营水平的高低。企业通过精心规划资金使用策略,杜绝不必要的资金损耗,全力提升资金使用效率,优化资金配置格局,能够显著增强经济管理效能,进而收获更为丰厚的经营收益,为企业在竞争激烈的市场环境中筑牢坚实的物质基础。

(二)树立全员资金运作管理理念

企业经济管理的关键使命在于实现资金运作的最优化,致力于降低资金成本,确保资金使用合理合规,加速资金流转速度,最终提升企业经营效益。这一理念不应仅仅局限于管理部门的认知范畴,而应如春风化雨般渗透到全体员工的思想深处,成为企业上下共识的关键决策要素。

（三）科学制定经济预算，指引企业发展方向

经济预算在经济管理流程中占据关键地位。企业应依据自身资金实力以及实际经营状况，精心制定合理的经济管理方案，规划精准有效的预算蓝图，为企业重大发展决策提供清晰的方向指引，助力企业在复杂多变的市场浪潮中找准前行路径。

（四）强化收支管理，规范资金流转秩序

企业需全力强化资金的收支管理工作，设立唯一的基本账户作为资金流转的核心枢纽，所有资金收支活动均通过该账户规范运作。严禁任何部门或个人擅自干扰资金流转秩序，杜绝无故动用资金的行为，确保资金流转的顺畅与安全。

（五）深耕成本控制，提升产品市场竞争力

成本控制是经济管理的关键着力点。其核心在于深度整合各部门费用信息，细致拆解高竞争力产品指标并严格落实执行，力求在企业运营的各个环节降低成本，最大限度地节约资金，从而显著提升企业产品在市场中的竞争力，赢得市场青睐。

（六）精心策划经济方案，从容应对经营挑战

管理人员应针对企业全年或未来特定阶段，精心谋划经济策略，绘制详尽的资金使用蓝图，科学预估经济效益，并稳步执行资金管理措施，从容应对经营过程中出现的各类挑战，高效推动经济管理工作有序开展。

（七）深度研究经济管理成果，持续优化管理流程

通过对经济管理成效的深度剖析，萃取成功经验，挖掘潜在改进空间，持续优化经济管理流程。旨在精准把握资金流动脉络，高效利用经济资源，精确编制预算方案，稳固企业经济效益，助力企业在全面发展的道路上稳步迈向新高度。

二、全方位增强企业经营管理力度，显著提升企业经营效益

经济管理需紧密融入企业日常运营的每一个环节。面对运营过程中暴露出的短板，企业应强化资金预算的精准度，科学调配资金资源以填补漏洞，确保企业运营流畅无阻，有效缓解资金流动压力。组建专业团队定期清理欠款，同时促进各部门之间的协同合作，精细控制成本预算，灵活调整产品价格策略，削减不必要的成本开支，从而全方位提升企业经济效益。

制定切实可行的经济规划对企业发展至关重要。首先，须深入洞察市场动态趋势，精准把握商品价值与使用价值的波动规律，明确投资方向，合理设定产品

价格区间。其次，开展深入细致且严谨科学的市场调研，确保经营活动依法依规进行。再者，明晰投资流程，推行科学民主的经济管理模式。最后，构建完善的风险预警机制，为企业稳健发展保驾护航。

为提升企业在市场中的核心竞争力，企业需搭建健全的企业法人制度框架，充分释放经济监督管理的效能，推动资金增值。建立全面系统的绩效管理体系，强化对资金使用情况的监督与管理，规范相关人员行为。科学合理地分配企业盈利，发挥其杠杆调节作用，平衡各部门利益关系，激发员工工作积极性，为企业发展注入强大动力。

若要充分彰显企业经济管理的价值导向，仅依靠工作人员进行经济成本核算与资金计划制定来控制开支远远不够。构建一套前瞻、科学、合理、可行且高效的经济管理体系迫在眉睫。企业财务部门应携手其他部门，深入研讨并实施有效的管理策略，全面提升员工综合素质。引入先进的计算机信息管理系统，用于经济成本分析、资金核算、经济管控及投资规划等工作，提升经济管理工作效率。加大对经济管理人员的全方位培训力度，助力提升企业管理层次，增加经营效益，为企业长远发展贡献力量。

第二章　宏观经济管理

第一节　宏观经济管理的特点

在社会主义市场经济背景下，一个统一、开放、充满竞争且井然有序的现代市场体系，对宏观经济运行起着基础性的调节与驱动作用。这一市场体系能够高效配置社会资源，客观衡量企业的经济效益，自动调节商品供需平衡，并迅速传递与反映各类经济信息。

一、宏观经济管理

（一）宏观经济管理的必要性

为弥补市场机制自身的局限性，加强宏观经济管理极为必要。虽然市场机制在资源配置方面优势显著，但并非十全十美，存在盲目调节、反应滞后、影响短暂、易导致分化以及在某些领域调控失效等问题。因此，需通过国家层面的宏观经济管理来补齐这些短板。在市场经济体系中，确保公平竞争是发挥市场配置资源效率的关键前提之一。然而，仅靠市场的自发调整无法完全保障公平的竞争环境，反而可能滋生垄断行为和过度投机现象，破坏公平竞争原则，扰乱市场秩序。所以，政府必须建立健全相关制度规范，保障市场经济的有序运行与公平竞争，实施严格的市场监管措施，维护市场的公正交易环境。此外，为促进国民经济持续、快速且健康发展，加强宏观经济管理不可或缺。同时，为了充分发挥公有制经济的优势，确保社会财富分配的公平性以及维护国家的整体利益，同样需要强化宏观经济管理的作用。

（二）宏观经济管理目标

宏观经济管理的核心目标，是致力于营造理想的社会环境，让每一位有能力且有意愿工作的人，都能在合理条件下，顺利找到契合自身的工作岗位。这里所提及的充分就业，并非追求所有人都就业的绝对理想化状态，而是精准聚焦于将非自愿失业视为真正意义上的失业情况。过高的失业率，犹如一把双刃剑，不仅造成人力资源的巨大浪费，使大量具备劳动能力的人闲置，无法为社会创造价值，还会给失业者及其家庭带来沉重的生活压力，影响社会的稳定与和谐。正因如此，有效控制失业率，实现充分就业，已成为世界各国政府在宏观经济管理领域的重要使命之一。宏观经济管理职能，本质上是国家政府在国民经济管理进程中所肩负的责任以及应发挥的关键作用。

社会总供给，指某个国家或地区在特定时间段内（一般以一年为统计周期），向市场提供的全部最终产品与服务的价值总和。这一总和不仅涵盖国内生产的产品与服务，还包括从国外进口的商品和服务数量，全面反映了一个国家或地区在该时段内的生产和供应能力。

社会总需求，则是指在相同国家或地区、同一统计周期内，全社会通过各类途径形成的对产品和服务的总体购买力，这种购买力是以货币支付能力为基础进行计算的。依据需求性质的差异，社会总需求可细致划分为消费需求、投资需求以及出口需求这三大主要类别。消费需求体现了居民和社会群体日常的消费支出，投资需求反映了企业和个人为扩大生产或获取收益而进行的投资活动，出口需求则展示了国外市场对本国产品和服务的需求。

社会总供求平衡，是指在特定范围内、同一时间节点，按照统一计算标准，社会总供给与总需求无论是在总量规模上，还是在结构构成上，都达到协调适配的理想状态。这种平衡并非仅局限于总量相等，更强调结构层面的精准匹配。总量平衡保障了经济运行的总体稳定，而结构平衡则确保了经济发展的协调性与可持续性。

社会总供求平衡对国民经济的稳健发展意义重大，堪称国民经济实现稳健、快速且持续增长的基石。宏观经济管理的核心任务，便是推动国民经济朝着社会总供求平衡的方向发展，因为这一平衡状态是实现宏观经济管理目标的必要前提。具体来讲，总量上的平衡为国民经济的平稳运行筑牢了根基，使经济发展不至于出现大幅波动；而结构上的平衡则为国民经济各部门、各行业之间的协调发展提供了保障，确保资源能在不同领域得到合理配置。

社会总供求平衡还是优化资源配置、推动经济结构调整的重要基础。当社会总供求基本平衡时，国民经济各部门和行业之间的利润率会逐渐趋向均衡，生产要素在不同部门和行业间的流动也会趋于稳定。这为资源的合理分配、经济结构的优化升级以及社会经济效益的稳步提升，创造了极为有利的条件。同时，这种平衡状态也为经济结构调整带来了机遇。企业为追求更高利润，会自发根据市场需求结构的变化，调整自身的产业结构和产品结构。此外，社会总供求的基本平衡，对提高城乡居民的生活水平起着至关重要的保障作用。它有助于维持物价稳定，促进就业机会增加，丰富商品供应种类，提升服务的便捷性，从而全方位提升居民的收入水平和生活质量。

要实现社会经济发展的战略目标，社会总供求平衡是不可或缺的关键要素。每个国家都有自身宏伟的社会经济发展蓝图，而要将这些目标从构想变为现实，首要任务便是营造良好的社会经济发展环境。社会总供求的基本平衡，恰恰是确保国民经济能够持续、迅速且健康发展的坚实基础。只有在此基础上，才能够稳步推进经济、社会、生态以及人的全面发展等多元化发展战略目标的逐步实现。

经济波动，是指经济总量在扩张与收缩之间不断变化的一种经济现象。经济周期则表现为因经济波动而使宏观经济依次经历繁荣、衰退、萧条和复苏的循环过程。根据经济周期波动呈现出的不同特点，通常可将其划分为绝对周期和增长周期这两大类。绝对周期主要关注经济总量在绝对数值上的波动情况，其显著特征在于经济衰退期间，经济总量会出现绝对下降；而增长周期则侧重于经济总量相对水平的波动，即便处于经济衰退阶段，经济总量依然保持增长态势，只不过增长率有所减缓。

宏观经济计划，是国家为达成既定的经济发展目标，针对未来某一特定时期国民经济发展的主要方面所制定的全面且长远的战略部署与规划。它具有鲜明的宏观性、战略性和政策性特点。宏观经济计划作为国家治理和调节国民经济的核心手段，在整个宏观经济治理体系中占据着举足轻重的中心地位，是所有宏观管理活动开展的基本依据。它明确设定了未来一段时间内经济社会发展的主要目标，精心规划了宏观经济运行的速度、比例和效益等关键发展趋势。可以说，一切宏观经济管理行动都是围绕实现这些计划目标而展开的。因此，宏观经济计划既是宏观管理活动的起始点，也是最终的落脚点。

产业政策，是国家依据国民经济发展的内在需求，结合特定时期国内产业的实际现状以及未来发展趋势，以市场机制为基础，通过一系列政策手段对产业结构进行调整和优化，进而提升产业质量与效率的政策举措。其根本目的在于加快供给总量的增长步伐，同时确保供给结构能够紧密契合需求结构的动态变化。产业政策的核心任务在于推动产业结构的升级，通过有目的、有意识地对产业结构进行设计与调整，促使产业朝着更高层次、更为合理的方向发展。对于渴望追赶发达国家的发展中国家而言，产业政策尤为关键，因为它能为国民经济的持续、快速和健康发展提供强大的政策支撑与动力保障。

二、财政政策工具

在国家经济治理体系中，国家预算扮演着至关重要的角色，它是国家对未来一年财政收支情况精心规划的蓝本。税收，作为政府凭借行政权力深度介入社会产品分配的关键方式，堪称组织财政收入的核心手段。政府通过税收政策，依据不同的经济活动和收入来源，设定相应税率，从社会各经济主体的收入中征收一部分资金，汇聚成国家财政收入的重要组成部分。公债，即国家信用的具象化表现，涵盖内债与外债两个维度。内债是国家面向国内社会各界筹集资金的方式，例如发行国债，吸引居民、企业等购买；外债则是国家从国外金融市场或其他国家获取资金的途径。公债凭借信用的力量，拓宽了国家筹集财政收入的渠道。

在支出方面，购买性支出和转移性支出构成了财政支出的两大重要类别。购买性支出意味着政府运用财政资金直接采购商品和服务，这些采购活动涉及诸多领域，如公共工程建设所需的物资采购、政府部门日常办公设备购置以及为社会提供公共服务时购买的专业服务等。而转移性支出，通常也被称为转移支付，其显著特点是政府将财政资金无偿投入到社会保障、补贴等民生领域。比如，为弱势群体提供的最低生活保障金、给予企业的产业扶持补贴等，都是转移性支出的具体体现。

在金融政策领域，法定存款准备金政策、再贴现政策以及公开市场业务，是中央银行调控经济的三把"利器"。法定存款准备金政策赋予中央银行依据法律规定，灵活设定和调整法定存款准备金比率的权力。通过这一比率的变动，中央银行能够精准调控存款准备金规模以及货币乘数。当法定存款准备金率提高时，商业银行可用于放贷的资金减少，货币乘数相应缩小，市场上的货币供应量随之降低；反之，货币供应量则会增加。再贴现政策同样举足轻重，中央银行通过设定或调整再贴现利率，并严格规定商业银行等金融机构向央行申请再贴现的票据种类和资格条件，巧妙地影响货币市场的供需关系以及市场利率水平，进而实现对货币供应量的有效调节。公开市场业务则是中央银行在货币市场中主动出击，通过买卖有价证券来灵活调节基础货币的存量。当中央银行买入有价证券时，基础货币投放增加，货币供应量上升；卖出有价证券时，基础货币回笼，货币供应量下降。

三、"紧"的货币政策与"紧"的财政政策

"双紧"政策组合，即同时推行紧缩性的货币政策和财政政策，是一种在特定经济形势下采取的有力调控手段。紧缩性货币政策主要依靠提高法定存款准备金率、再贴现率等举措，从源头上压缩信贷规模。同时，借助公开市场操作，大量回笼货币，显著减少市场上的货币流通量，从而有力地抑制社会总需求的过度膨胀。而紧缩性财政政策侧重于多管齐下，一方面增加税收，直接减少企业和居民的可支配收入，抑制消费和投资需求；另一方面削减财政支出，降低政府对公共项目的投入以及对社会服务的购买规模；再者，减少国债发行，避免过度从市

场吸纳资金，并致力于实现财政盈余。这些措施综合发力，旨在全方位控制社会总需求的扩张态势。

在经济面临需求极度膨胀、物价如脱缰野马般持续攀升的严峻局面时，"双紧"政策常常被用作应对之策。它在积极层面展现出强大的功效，能够迅速且有效地控制社会总需求，极大地缓解通货膨胀压力，稳定物价水平。然而，"双紧"政策犹如一把双刃剑，其负面影响也不容忽视。在抑制需求的过程中，由于信贷收紧、企业资金紧张以及市场消费和投资意愿受挫，可能会对社会供给产生一定程度的抑制作用，使得整个经济体系面临增长动力减弱、经济规模萎缩的风险。因此，在实际运用"双紧"政策时，必须慎之又慎。政策制定者需要精准把握政策实施的力度和时机，通过科学合理的调控，在成功抑制通货膨胀的同时，尽可能降低对经济增长的不利影响，实现经济的平稳健康发展。

第二节　宏观经济的总量平衡

宏观经济管理的核心目标，是确保宏观经济总量的平衡，这是宏观经济平稳运行的基本前提。在宏观经济运行与管理的宏大图景中，社会总供给与总需求无疑是两大核心指标，它们恰似宏观经济管理的双翼，引领着各项经济变量的走向。宏观经济管理的各项举措，归根结底都是围绕调节和控制这两个总量展开的，旨在通过科学精准的调控，推动国民经济实现健康、协调发展。

一个国家或地区在特定时间段内（通常以一年为统计周期），能够提供给社会最终使用的全部产品和劳务的总和，构成了社会总供给。这一总量不仅涵盖国内生产的部分，还包含通过进口渠道获得的商品与劳务价值。

相应地，在同一时间段内，一个国家或地区通过不同途径形成的、对产品与劳务的货币支付能力，构成了社会总需求。依据需求的性质，可将其细分为消费需求、投资需求和净出口需求这三大组成部分。

在探讨社会总供求平衡的问题时，需要把握以下几个关键要点：其一，总供求平衡并非意味着两者在数量上绝对相等，而是强调它们应达到一种基本协调或平衡的状态；其二，这种平衡不仅局限于静态层面，更重要的是要实现动态上的平衡与协调；其三，总供求平衡不仅要求总量上的平衡，还需注重结构上的合理性；其四，平衡的概念既涵盖短期内的稳定，也涉及长期的可持续性。就短期总供求平衡而言，其受到多种因素的影响，其中尤为关键的是财政收入平衡、信贷收支平衡以及国际收支平衡。

长期总供求平衡主要受以下因素影响：社会资源配置状况、技术水平与管理水平的高低、产业结构的合理性以及经济管理体制的科学性与合理性。

宏观经济管理的终极追求在于实现总供求平衡。这一平衡对于宏观经济的顺畅运行至关重要，具体体现在以下几个方面：首先，它是确保国民经济能够持续、快速且健康发展的基石；其次，它有助于社会资源得到更为合理的配置，进而提升整体经济效益；再者，实现总供求的基本平衡还为经济体制改革和产业结构优化调整创造了有利条件。

第三节　宏观经济的周期性波动

经济周期描述的是宏观经济在动态运行过程中，不断经历扩张与收缩的交替变化，这是一种客观存在的必然规律。经济周期通过一系列综合指标，如经济增长率、工业生产指数、就业状况和收入水平等的波动得以体现。经济周期涵盖萧条、复苏、高涨及衰退这四个紧密相连的阶段，它们分别对应着经济活动的谷底、扩张期、顶峰以及萎缩期。

社会总供求矛盾及其他多种矛盾相互交织，共同促成了经济的周期性波动。回顾新中国成立以来经济的周期性起伏，我们可总结出以下主要特征：首先，我国经济周期波动的频率较高，且时间间隔呈现出不规律性；其次，政府行为对我国经济周期的波动具有显著影响；再者，固定资产投资以及通货膨胀（或紧缩）因素与我国经济周期的波动紧密相关；最后，产业结构的不合理也是导致我国经济周期波动的重要原因。经济的周期性波动会扰乱宏观经济的正常运行，引发经济动荡。为保障国民经济能够持续、稳定、快速且健康地发展，宏观经济管理需从以下几个方面着手：一是科学制定宏观经济政策，设定合理的经济发展速度；二是适当控制固定资产投资的规模，并特别关注投资结构的优化；三是综合运用多种调控手段，对宏观经济进行全面有效的调控。

在经济发展的总体脉络中，经济活动时常展现出起伏不定的态势。其特点在于呈现出周期性的变化模式——经济活动会伴随着整体经济趋势，经历一系列规律性的扩张与收缩。这种规律性的经济起伏，我们称之为周期性经济波动。

一、我国宏观经济周期性波动全景洞察

经济周期波动宛如现代经济社会的一种固有律动，马克思曾深刻指出，"这是现代工业特有的生命周期"。从本质而言，这一现象生动展现了宏观经济在运行轨迹中，不断偏离均衡状态，而后又努力重新回归并调整至均衡的循环往复过程。西方经济学理论认为，经济周期描绘了经济活动在整体前行趋势里，交替经历扩张与收缩的不同阶段。一般来说，经济周期可大致划分为繁荣、衰退、萧条和复苏这四个典型阶段。

自改革开放以来，我国经济发展之路呈现出经济增长与经济波动长期并存的态势。受全球经济环境的剧烈变化、国内经济体制的持续变革、运行机制的不断优化、经济结构的深度调整以及宏观调控政策的动态变化等诸多内外部因素影响，我国经济的周期性波动特征愈发凸显。从宏观视角审视整体趋势，波谷位置的持续攀升，直观彰显了我国经济在抵御衰退方面能力的稳步增强；波峰高度的逐步降低，则清晰反映出经济扩张过程中盲目性得到有效管控，经济发展稳定性显著提升。平均位势的提升，更是有力证明我国经济成功避开了"剧烈波动"的发展陷阱，整体发展水平实现了质的飞跃。同时，经济周期时长的逐步延长，也表明我国经济发展的持续性得以进一步强化。综合来看，在经济体制改革与经济增长的相互作用、相互促进下，我国经济周期性波动的幅度正逐渐收窄，经济增长模式不断优化升级。

二、宏观经济政策变奏下的银行业回响

经济发展进程中，周期性波动是难以回避的客观事实。银行业若要实现稳健、持续的发展，深入洞察、精准把握并合理运用这一经济规律至关重要。在此过程中，国家依据经济运行的实时态势所实施的宏观经济调控举措，对银行业的发展走向产生着极为深远的影响。这些调控手段从性质上可归结为宽松货币政策与紧缩货币政策两类。宽松货币政策的宏观调控举措，犹如一场及时雨，为银行业带来诸多积极影响；而紧缩货币政策的调控，则如同一场严峻考验，给银行业带来重重挑战。

（一）信贷供需失衡困局加剧

国家实施宏观经济调控策略，并推进产业政策调整后，银行基于政策导向，会相应减少贷款发放规模，尤其是流动资金贷款的投放大幅缩减，同时加大对既有贷款的回收力度，这一系列操作直接导致信贷供给端的收缩。然而，市场对信贷资金的需求具有较强刚性，难以在短期内随着供给的变化而迅速减少。这种信贷供需之间的尖锐矛盾，犹如一把双刃剑，不仅会严重影响企业的正常经营周转，导致企业资金链紧张、运营困难，进而对银行的效益造成负面影响，还会显著增加银行面临的信贷风险，使银行资产质量面临严峻考验。

（二）信贷结构陷入畸形发展困境

1. 大户贷款风险集聚

宏观调控政策一经出台，银行为有效规避风险，往往会将有限的贷款资源高度集中投向少数规模庞大、当下经营效益优良的大型核心企业。但这种策略隐藏着巨大隐患，一旦这些大型企业受到行业不景气浪潮的冲击，或者在新一轮宏观

调控中陷入经营困境，银行将瞬间面临风险高度集中爆发的严峻局面，可能导致大量不良贷款的产生，危及银行的资产安全。

2. 银行竞争催生违规隐患

在激烈的市场竞争环境下，各银行机构为争夺优质大客户资源，往往会竞相降低贷款门槛。这极易引发贷前审查环节的松懈，使得贷款条件随意放宽、流程简化，甚至可能滋生违规操作行为。这种无序竞争不仅破坏了市场秩序，还极大地增加了银行贷款业务的潜在风险。

3. 贷款行业存在结构性同质化风险

众多银行机构在贷款投放过程中，呈现出明显的行业偏好，纷纷倾向于将资金投入电力、电信、教育、交通等特定行业以及大型建设项目。这导致各商业银行的贷款结构高度相似，一旦这些热门行业出现系统性风险，如行业政策调整、市场需求骤减等，整个银行业将面临巨大的风险冲击，行业同质化的贷款结构成为银行业发展的一颗"定时炸弹"。

（三）不良贷款激增与经营困境加深

1. 新增贷款对不良贷款率改善乏力

随着经济形势的变化以及宏观调控的持续推进，新增贷款在降低银行不良贷款率方面所发挥的积极作用已大幅减弱。以往通过大规模投放新增贷款来稀释不良贷款率的策略，在当前复杂的经济环境下，效果越来越不明显。

2. 企业行为引发信贷风险上扬

在信贷环境整体收紧的预期下，部分企业受资金紧张心理的驱使，即便自身具备还款能力，也可能出于对未来资金状况的担忧，选择拖延甚至拒绝偿还贷款，这种行为严重破坏了信用秩序，极大地增加了银行的贷款回收风险。同时，面对银行收紧信贷、回收贷款以及原材料价格不断上涨、应收账款持续增加等多重压力，部分企业的资金链脆弱不堪，随时可能断裂。一旦企业资金链断裂，不仅自身经营难以为继，还会通过产业链传导，对上下游及关联企业产生连锁反应，最终极有可能导致整个银行业金融机构的不良贷款率大幅攀升，使银行业陷入经营困境。

银行作为专注于货币经营的特殊金融实体，堪称对宏观经济周期的高度敏感者。无论是利率与汇率的细微波动，还是全球经济的大幅起伏，银行总是首当其冲，最先感知到风险的寒意。在我国以间接融资为主导的融资体系中，商业银行的信贷资产质量与经济周期紧密相连，在不同阶段呈现出显著差异。在经济繁荣阶段，得益于企业良好的盈利表现，银行的贷款质量通常能够得到有效保障，资产质量较为优良；然而，一旦经济步入衰退期，银行不仅经营收益会受到直接削弱，还可能因企业运营陷入困境、效益大幅下滑，而新增大量不良资产，资产质量面临严重挑战。此外，商业银行贷款规模的扩张在推动我国固定资产投资快速增长方面发挥了关键作用，但经济过热之后接踵而至的宏观调控措施，又使得银行成为风险的主要承担者。信贷规模增长速度受限，投资方向受到严格管控，无疑给银行的日常运营增添了巨大的风险压力，对银行的风险管理能力和经营策略调整提出了更高要求。

三、银行业应对经济周期变化的多元化策略探索

（一）强化宏观洞察，构建前瞻性反应机制

银行业若要在复杂多变的经济环境中稳健前行，首要任务便是提升对宏观经济形势及国家政策的研判能力。为此，应设立专业的宏观经济研究机构，汇聚经济、金融领域的专家人才，聚焦对国家财政政策、货币政策以及产业政策等宏观战略进行深度剖析。

该机构需密切关注宏观经济运行的每一处细微变化，深入解读金融监管机构发布的政策信号，全面梳理全国各区域的经济发展脉络。通过精准分析，为商业银行精准定位业务发展的黄金区域与潜力行业，提供具备前瞻性和指导性的战略建议。同时，要紧密紧跟国家产业政策调整的步伐，对各行业的信贷投放现状展开深入调研与分析。精准预判贷款投放行业的未来发展走向、市场拓展空间以及潜在容量，合理把控行业信贷授信的总量规模，精心构建一套能够超前感知宏观经济变动的快速反应机制。

这套机制旨在有效抵御宏观经济周期性波动带来的系统性风险，确保银行业务发展方向与国家宏观政策及监管要求高度契合，避免因政策误判而陷入经营困境。从战略高度为银行业务布局提供精准导航，助力银行在经济周期的跌宕起伏中保持稳健发展态势。

（二）精调信贷结构，打造适配资产组合

应对宏观经济周期波动的冲击，调整优化信贷资产结构是关键举措。银行业需秉持"转换存量、优化增量"的原则，着力构建多元化、风险分散且效益可观的资产组合。

在新增资产的结构性调整方面，要立足全局视角，精准聚焦结构性问题的解决。一方面，坚决遏制部分行业过度投资和盲目扩张的势头，避免资源错配与产能过剩；另一方面，加大对宏观政策重点扶持以及处于上升发展期行业的信贷投入，为新兴产业和潜力行业提供充足的资金支持，推动产业结构优化升级。在具体操作中，对于过热行业的信贷政策，要避免"一刀切"的简单做法，精准区分，对需控制的项目严格把控，对有发展潜力且符合政策导向的项目则全力支

持。结构调整主要从行业、客户和资产三个维度协同推进，确保新增资产的质量与效益。

针对存量资产，要实施针对性的优化策略。当经济周期步入萧条阶段，或宏观调控导致贷款风险显著加剧时，银行应果断启动信贷退出机制，将高风险贷款及时转换为现金或低风险资产，降低资产风险敞口。对于已形成的不良资产，要迅速开启专业的处置流程，综合运用法律手段、债务重组等方式，最大限度减少损失。对于面临支付危机的企业，要坚决停止新增贷款投放，并通过多元化的催收手段，积极回收贷款；对于确实无法回收的部分，要及时采取资产保全措施，维护银行权益。而对于那些虽存在一定风险因素，但仍保持正常现金流和支付能力的企业，可采取渐进式退出策略，通过优化担保条件、动态调整贷款期限等措施，进一步强化贷款安全性，逐步实现风险可控退出。在信贷退出过程中，可积极借鉴国际先进经验，通过合理的贷款出售等方式，优化资产结构。

（三）严控利率风险，构筑稳健管理体系

经济周期与利率变动之间存在着紧密的内在联系。一般而言，在经济萧条期，市场资金需求疲软，利率会降至阶段性低点；随着经济逐步复苏，市场活力渐显，资金需求增加，利率开始稳步上升，直至经济繁荣期达到峰值。随着我国金融体制改革的持续深化，利率市场化进程不断加速，这一趋势对商业银行的经营管理产生了深远影响。在此背景下，商业银行必须敏锐洞察市场变化，强化利率风险管理，灵活调整经营策略，以确保实现高质量、可持续的健康发展。

建立科学高效的利率定价机制是应对利率风险的核心环节。商业银行要加大对利率管理的分析研究力度，运用先进的金融模型和数据分析技术，精准预测利率变动的趋势、幅度、结构特征以及周期规律。对金融市场的动态变化做出快速响应，最大程度降低利率波动对银行经营效益的负面影响。同时，持续优化利率定价机制，综合考量金融市场整体利率走势、贷款资金成本、预期收益目标、风险溢价因素以及同业竞争态势等多方面因素，科学合理地设定全行的基准利率。此外，要根据市场细分和客户信用状况的差异，灵活授予不同层级的利率浮动权限，提高利率定价的精细化管理水平。

构建完善的利率风险控制体系同样至关重要。商业银行要加强内部管理，制定严格规范的利率管理制度和标准化操作流程，确保利率管理工作有章可循。加大对利率执行情况的监督检查力度，及时发现和纠正潜在风险隐患。建立以利率风险防控为核心的资产负债管理框架，将其置于资产负债管理的关键位置，确保资产与负债在总量上保持平衡，在结构上实现优化匹配。明确界定各相关部门在利率风险管理的规划、识别、量化、监控及评估等各个环节中的职责与权限，运用利率敏感性评估与缺口管理等先进策略，构建科学合理的利率风险限额控制机制，确保银行利率风险敞口始终处于可控范围之内。

（四）完善监管体系，筑牢风险防控屏障

建立健全全方位、多层次的风险监管体系，有效防控金融风险，是银行风险管理的核心任务，也是应对经济周期波动、实现可持续发展的必然要求。

首先，要构建具有前瞻性的风险监管体制，强化风险预测能力。银行应基于经济周期的不同阶段，全面评估信贷资产当前及未来可能面临的风险状况，精准预测违约概率及潜在风险损失，并结合宏观经济形势、市场竞争环境等因素，审慎支持业务发展。适时对风险管理政策、流程和方法进行动态调整，增强风险管理政策的前瞻性和适应性，提升风险管理的效率与效果，做到风险早发现、早预警、早处置。

其次，打造立体化的风险监控体系，提升风险管理效能。持续深化公司法人治理结构的优化完善，明确界定董事会与经营层在风险管理中的职责边界。董事会通过风险管理委员会，从战略高度统筹制定风险管理的全局性决策；设立独立且具有权威性的风险管理部门，对各业务单元的风险进行集中统一管理；运用科学完备的风险识别、评估、监控、控制及转移机制，实现风险管理的全流程跟踪与监督；通过合理明确的职能分工，促进风险管理职责在各业务部门之间以及上下层级之间的协同联动，形成全方位、多层次的风险防控合力。

最后，建立完善的风险准备金制度，增强抗风险能力。风险准备金制度是银行抵御风险损失的最后一道防线，也是保障银行稳健运营的基石。全球各大银行均高度重视风险准备金制度的建设与完善。鉴于当前我国商业银行风险管理体系仍存在一定短板，风险管理能力有待进一步提升，风险准备金制度对于银行的稳健发展尤为重要。商业银行应充分把握宏观经济繁荣时期的有利时机，积极主动地积累充足的风险准备金，利用盈利增长的黄金窗口期，提高拨备覆盖率，确保在未来可能面临的风险冲击下，银行的持续经营能力不受影响。

（五）巧用周期变化，提升不良资产处置效益

经济衰退时期，往往是商业银行不良资产集中爆发的阶段，如何高效处置不良资产成为银行面临的一大挑战。实际上，某些在当前经济周期中被视为不良资产的行业或项目，随着经济周期的更迭，在下一个经济周期中极有可能转化为优质资产。这就凸显了不良资产处置时机选择的重要性。

银行业需深入研究经济周期变化的规律与特征，巧妙利用经济周期的起伏节奏，优化不良资产处置策略。为此，应建立一套科学合理的评估与激活机制，对不良资产所涉及的行业或项目进行全面深入的评估。对于那些具有潜在发展潜力的行业或项目，即便短期内可能需要牺牲一定的资金时间效益，也应避免仓促处

置，而是通过合理的资源投入和运营策略调整，积极挖掘其潜在价值，等待经济周期的回暖，实现不良资产向优质资产的华丽转身，有效提高不良资产的处置回报率。

（六）加速金融创新，增强市场竞争实力

在当今全球金融市场的激烈竞争格局下，创新已成为企业生存与发展的核心驱动力。金融创新浪潮中涌现出的新工具、新技术以及新市场，深刻改变了金融业传统的业务模式与经营方式，重塑了金融市场的总量与结构，为金融与经济的高速发展注入了强大动力。

长期以来，我国银行业的经营理念相对传统，业务重心过度集中于存贷款领域，业务模式单一、产品种类匮乏，这使得银行业在面对经济周期波动时，抗风险能力较弱，极易受到冲击。若缺乏国家信誉的有力支撑，在经济剧烈震荡时期，银行业的稳定经营将面临严峻考验。因此，银行业迫切需要加大金融创新的探索力度，积极研发既能创造经济效益又能有效规避风险的金融产品与业务策略，以更好地适应经济周期的动态变化。

在经营模式创新方面，加速投资银行业务的发展，推行"混业经营"模式是关键路径。这里的"混业经营"，既包括商业银行适度涉足保险、证券等金融业务领域，也涵盖银行对非金融企业进行股权投资等多元化经营方式。结合我国金融市场发展的实际情况，银行可通过构建金融控股公司的形式，稳步推进混业经营战略，满足市场多元化的金融服务需求。当前，首要任务是大力拓展投资银行业务，充分利用我国金融市场蓬勃发展的良好机遇，聚焦证券筹资者、投资者、券商、基金及其他中介机构，为证券发行、交易、融资融券及委托代理等业务提供全方位、一站式的金融服务，并在实践过程中不断积累混业经营的宝贵经验。待条件成熟时，适时通过控股子公司的形式，有序涉足保险、证券等金融业务领域，实现经营模式的多元化创新发展。

在业务方式创新方面，随着外资银行的大量涌入，国内银行原有的垄断竞争格局被打破，传统资产负债业务的盈利空间日益收窄，银行业即将步入微利时代。面对这一严峻挑战，加大业务创新力度，以创新驱动应对经济周期与市场竞争的双重压力，已成为银行业发展的当务之急。业务创新应涵盖资产业务、负债业务以及表外业务等多个维度，全面推进。在资产业务方面，积极探索多样化的信贷产品和服务模式，如开展供应链金融、绿色信贷等创新业务；在负债业务方面，创新存款产品设计，拓展多元化的资金来源渠道；在表外业务方面，大力发展金融衍生品交易、资产管理、财务顾问等中间业务，提升银行的综合服务能力与盈利能力。

在品牌管理创新方面，在当今金融市场的竞争中，品牌已成为银行核心竞争

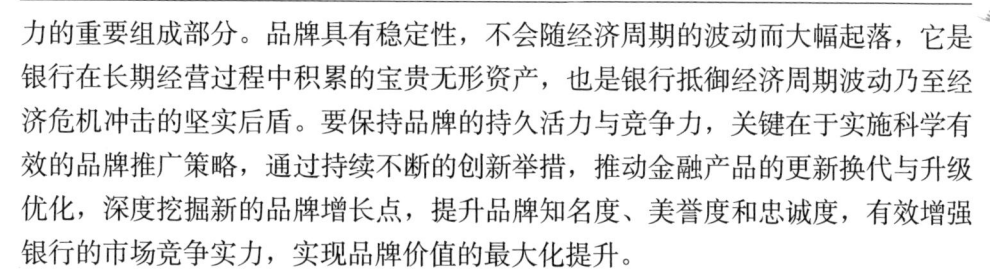

力的重要组成部分。品牌具有稳定性，不会随经济周期的波动而大幅起落，它是银行在长期经营过程中积累的宝贵无形资产，也是银行抵御经济周期波动乃至经济危机冲击的坚实后盾。要保持品牌的持久活力与竞争力，关键在于实施科学有效的品牌推广策略，通过持续不断的创新举措，推动金融产品的更新换代与升级优化，深度挖掘新的品牌增长点，提升品牌知名度、美誉度和忠诚度，有效增强银行的市场竞争实力，实现品牌价值的最大化提升。

第四节 宏观经济管理目标

宏观经济管理目标，是政府在特定时期内，针对一定范围的整体经济运行精心设定的预期成效。它宛如宏观经济领域的"指南针"，既是制定宏观经济政策的基石，也是政策实施力求达成的结果，更是宏观经济决策的核心要点。基于我国独特的社会制度、经济体系以及当前国情，宏观经济管理目标有着清晰而明确的界定：在充分发挥市场调节决定性作用、保障企业自主经营并激发企业活力的前提下，政府合理行使宏观经济管理职能，全力确保国民经济实现持续、健康的发展，进而不断优化宏观经济效益，稳步提高人民的物质与文化生活水平。具体而言，宏观经济管理目标主要涵盖以下四个关键方面。

一、筑牢经济稳定基石

在社会主义市场经济的复杂体系中，宏观经济调控宛如一座稳固的灯塔，指引着经济前行的方向。国家明确了四大宏观调控核心目标，即推动经济稳健增长、全力扩大就业规模、切实稳定物价水平以及有效维护国际收支平衡。达成这些目标，对于健全社会主义市场经济体制具有极为深远的意义。宏观经济管理的主要目标，广泛涉及经济稳定、经济增长、宏观效益提升以及民众生活水平改善等多个重要维度。

（一）追求经济总量均衡

经济总量平衡，旨在实现社会总供给与总需求在总量规模以及关键结构层面的基本均衡。从总量角度来看，在某一特定时间段内，国内生产总值与国外商品和服务输入的总和，应当与投资需求、消费需求以及国外需求的总和精准匹配。以年度经济数据为例，国内各行业生产创造的价值，加上从国外进口的各类商品和服务，需与企业投资新建厂房、购置设备的需求，居民日常消费购买商品和服务的需求，以及国外市场对本国出口商品和服务的需求，在数量上达到平衡。而在结构平衡方面，投资品的供应必须契合投资需求，消费品的产出要能充分满足

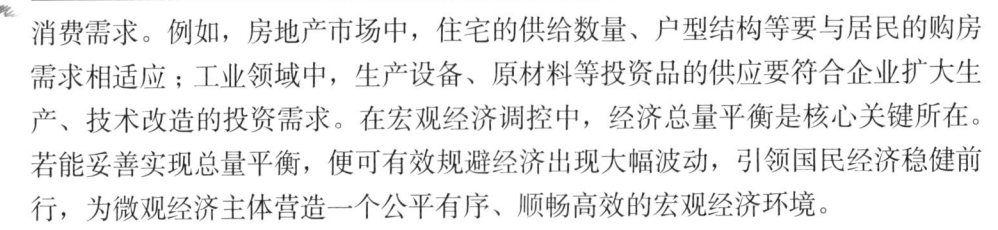

消费需求。例如，房地产市场中，住宅的供给数量、户型结构等要与居民的购房需求相适应；工业领域中，生产设备、原材料等投资品的供应要符合企业扩大生产、技术改造的投资需求。在宏观经济调控中，经济总量平衡是核心关键所在。若能妥善实现总量平衡，便可有效规避经济出现大幅波动，引领国民经济稳健前行，为微观经济主体营造一个公平有序、顺畅高效的宏观经济环境。

（二）维护国际收支平衡

国际收支平衡，是指一国与其他国家之间的货币收支大致相等，或者允许存在小幅顺差、逆差的状态。这里的货币收支源于各类经济交易，依据交易性质可划分为自主性交易与调节性交易两类。随着我国对外开放政策的持续深化，我国经济与全球经济的联系日益紧密，对外经济关系呈现出全新的发展态势，突出表现为国际收支平衡与国内经济的稳定增长相辅相成。国内经济平衡与国际收支平衡之间存在着相互依存、相互制约的复杂关系。在特定时期内，国内经济可以通过适度调节国际收支的不平衡，来维持自身的稳定增长。例如，当国内经济面临产能过剩压力时，可以通过积极拓展出口，增加国外需求，缓解国内市场供大于求的矛盾，促进经济增长；反之，当国内经济发展需要大量先进技术和设备时，可以适当增加进口，以满足国内投资和生产的需求，同时调节国际收支平衡。

（三）确保物价稳定

物价稳定包含三重重要含义：其一，要确保物价总水平保持相对稳定，避免出现大幅波动；其二，要着重保障主要商品，特别是与居民生活息息相关的关键消费品价格稳定，因为这些商品价格的波动直接影响居民的生活质量；其三，物价上涨幅度必须低于居民平均收入的增长水平，以保障居民的实际购买力不下降。衡量物价总水平稳定的主要指标是物价总指数。在我国市场经济环境下，政府对价格并非放任不管，而是实施科学合理的管理。物价总指数的适度上升，有助于各类商品比价在动态变化中进行合理调整，推动价格体系的优化革新以及经济结构的转型升级。然而，这一切都需在国家宏观调控的框架内有序进行，谨防引发通货膨胀。一般而言，如果物价上涨幅度控制在社会可承受的范围内，即年涨幅不超过3%—5%，便可视为物价处于稳定状态。例如，近年来我国通过调控粮食、能源等重要商品的市场供求关系，有效稳定了物价水平，保障了居民的生活稳定。

二、锚定经济增长航向

宏观经济管理的核心任务，在于稳固推动国民经济持续向前发展。

（一）把控适度投资规模

适度投资规模是影响经济增长的关键变量。所谓适度，就是投资规模既能充分满足经济增长对资金、资源的需求，又能与人力、物力、财力的实际状况相匹配。以基础设施建设为例，合理规划高速公路、铁路等项目的投资规模，既能带动钢铁、水泥等相关产业发展，创造大量就业岗位，又不会因过度投资导致资源浪费和产能过剩。如果投资规模过小，将无法为经济增长提供足够动力，制约产业升级和基础设施完善；而投资规模过大，则可能引发通货膨胀、资源紧张等问题。因此，精准把控投资规模，是实现经济稳健增长的重要前提。

（二）优化产业结构布局

产业结构的合理性直接关系到经济运行的质量和效益。当产业结构合理时，各产业之间相互协作、协同发展，经济能够实现良性循环，效益显著提升。例如，高新技术产业与传统制造业相互融合，前者为后者提供先进技术支持，后者为前者提供广阔市场空间，共同推动经济发展。反之，若产业结构不合理，如部分行业产能严重过剩，而新兴产业发展滞后，经济运行将受阻，效益也会随之下降。调整产业结构主要通过两大途径实现：一是调整投资结构，根据国家产业政策导向，有针对性地增加对新兴产业、战略产业的投资，减少对产能过剩行业的投资，以此调控产业发展速度，引导资源合理配置；二是推动现有企业转变生产方向，鼓励传统企业通过技术改造、转型升级，涉足新兴领域，实现产业结构的优化调整。

（三）驱动科技进步引擎

在经济增长的过程中，科技进步扮演着至关重要的角色。科技进步对于提升生产效率、改善产品质量、推动产业升级具有不可替代的重要意义。通过大力加强科技创新能力建设，鼓励企业和科研机构加大研发投入，培养高素质的高科技人才队伍，可以为经济增长注入源源不断的强大动力。例如，在制造业中，引入先进的自动化生产技术，能够大幅提高生产效率，降低生产成本；在医药领域，科技创新带来的新药研发，不仅改善了人们的健康水平，还催生了新的产业增长点。科技进步不仅有助于突破经济发展中的技术瓶颈，攻克关键核心技术难题，还能为经济持续健康发展奠定坚实的技术基础，使经济在全球竞争中占据优势地位。

三、宏观效益目标

宏观经济管理的关键在于全力追求宏观效益，其涵盖宏观经济效益、社会效益以及生态效益等重要方面。

（一）宏观经济效益

宏观经济效益具有多维度的体现。从经济增长维度来看，它表现为特定时期内国民生产总值或国民收入的显著增长；从民生福祉角度出发，则反映在人民物质文化生活水平的全面提高。宏观经济效益并非孤立存在，而是国民经济各部门、各单位微观经济效益相互交织、共同作用的综合结果。

多数情况下，宏观经济效益与微观经济效益方向一致，能够协同共进。但在现实经济活动中，二者也存在矛盾的情况。例如，部分企业为降低生产成本，在生产过程中过度消耗当地稀缺资源。从企业自身局部视角看，短期内实现了成本降低与利润增加，微观经济效益看似良好。然而，从地区乃至国家的宏观层面分析，资源的过度损耗可能影响相关产业的可持续发展，引发资源供应紧张、生态环境恶化等一系列问题，对宏观经济效益产生负面影响。

因此，当微观经济效益与宏观经济效益出现背离时，政府需积极履行宏观经济管理职能，综合运用财政政策、货币政策等多种宏观经济管理工具，引导企业等微观经济主体的经济活动，促使微观经济效益与宏观经济效益实现有机融合与协调统一。

（二）社会效益

社会效益主要关注经济活动对社会整体进步和发展的影响，尤其侧重于精神文明建设领域。在产品生产环节，如果企业注重产品的文化内涵与教育价值，所生产的产品不仅能满足消费者的物质需求，还能在一定程度上提升消费者的精神文化素养，推动社会精神文明建设，这便是正向社会效益的体现。又如，一些企业在利润增长过程中，积极投身公益事业，通过捐赠、志愿服务等形式回馈社会，为社会福利事业发展、社会和谐稳定贡献力量，同样产生积极的社会效益。

反之，如果企业为追求利润最大化，采用虚假宣传、生产假冒伪劣产品等不正当手段，不仅损害消费者权益，还破坏市场秩序，对社会诚信体系等精神文明建设造成冲击，这无疑属于负向社会效益。在宏观经济管理过程中，不能仅将目光局限于宏观经济效益，还应高度重视社会效益的提升与优化。政府需通过制定相关政策法规，鼓励企业开展具有正向社会效益的经济活动，严厉规制产生负向社会效益的行为。

（三）生态效益

生态效益在经济发展进程中具有不可忽视的重要地位，其核心在于经济发展对生态平衡和环境保护的影响。现代化生产凭借先进的技术和设备，为自然资源的合理开发利用创造了更多可能性,例如通过先进的开采技术提高资源利用率,减少资源浪费。然而,不容忽视的是,部分现代化生产活动也带来了环境污染、生态破坏等严峻问题,如工业废气排放导致大气污染、工业废水排放造成水污染等。

环境保护和生态平衡直接关系到资源的可持续利用,关乎人类的生存根基与未来发展走向。因此,在推动经济发展的过程中,不能仅关注经济增长速度、先进技术的应用成果以及劳动效率的提升,还必须将生态效益摆在突出位置。政府要制定严格的环境标准和生态保护政策,引导企业采用绿色生产技术和环保工艺,确保经济发展的每一步都能助力环境保护和生态平衡的维护,实现经济发展与生态效益的良性互动。

四、生活水平目标

社会主义生产的根本宗旨与最终目标,是持续有效地满足人民群众日益增长的物质和文化生活需求,这也是宏观经济管理致力达成的最高目标。在国民经济发展过程中,经济稳定、经济增长以及宏观效益的提升,都是夯实人民生活质量提升基础的关键要素与必要前提。

(一)提高民族素质,适度控制人口

为稳步提高人民的生活水平,需采取"两手抓、两手都要硬"的策略。一方面,坚定不移地推动经济发展,通过一系列政策举措促进产业升级、创新驱动发展等,实现国内生产总值(GDP)和国民收入的稳步增长。另一方面,合理把控人口增长态势,同时大力提升民族素质。以某发展中国家为例,在一段时间内,由于人口增长速度过快,远超 GDP 的增长速度,导致人均 GDP 急剧下降,教育、医疗等公共资源分配愈发紧张,人民生活质量严重下滑。因此,要通过普及教育、完善生育政策等多种方式,合理控制人口数量,提高人口素质,为经济发展提供高素质的人力资源支撑,进而促进人民生活水平的提高。

(二)充分就业

充分就业的理想状态是,所有具备劳动能力且有工作意愿的人,都能在适宜的环境与条件下,找到契合自身能力与兴趣的工作岗位。一般而言,当社会失业率处于 3% 至 5% 的区间时,可视为达到了充分就业状态。在市场经济体制下,一定程度的失业现象是市场竞争机制发挥作用的正常结果,但这绝非我们所追求的目标。

我国政府高度重视就业问题,通过实施一系列再就业项目,为失业人员提供针对性的就业岗位推荐;大力开展职业培训,根据市场需求和失业人员特点,开

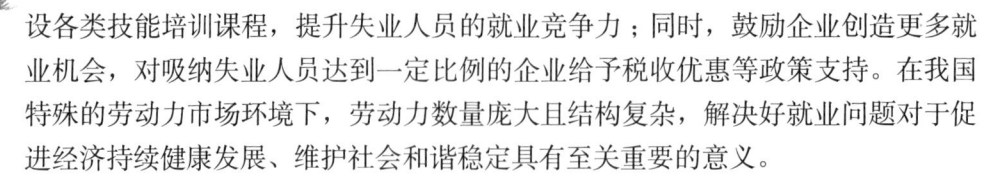

设备类技能培训课程，提升失业人员的就业竞争力；同时，鼓励企业创造更多就业机会，对吸纳失业人员达到一定比例的企业给予税收优惠等政策支持。在我国特殊的劳动力市场环境下，劳动力数量庞大且结构复杂，解决好就业问题对于促进经济持续健康发展、维护社会和谐稳定具有至关重要的意义。

（三）公平分配

市场机制在资源配置过程中，主要遵循等价交换原则，能够保证形式上的机会均等，但难以自动实现社会公平。例如，在市场经济环境下，一些地理位置优越、资源丰富的地区，凭借先天优势在经济发展中迅速崛起，企业和居民收入水平大幅提高；而部分偏远地区由于交通不便、资源匮乏等原因，经济发展滞后，企业经营困难，居民收入微薄。

基于此，我国一方面充分发挥市场机制的激励作用，鼓励人们凭借诚实劳动和合法经营先富起来，以此激发全社会的创新创业活力，推动社会整体进步。另一方面，鉴于我国目前仍处于向中等收入国家迈进的发展阶段，必须着重关注全体人民生活水平的普遍提升，彰显社会主义制度的优越性。政府通过制定和实施税收政策，如对高收入群体征收较高的个人所得税，对低收入群体给予税收减免；完善社会保障体系，扩大社会保险覆盖范围，提高保障水平，确保低收入群体的基本生活得到坚实保障；加强对垄断行业的收入分配监管等多种手段，调节不同地区、企业和个人之间的收入差距，努力实现社会公平分配。

（四）建立和完善社会保障体系

这一体系涵盖社会保险、社会救济、社会福利、优抚安置、社会互助以及个人储蓄积累等多种保障形式。完善的社会保障体系能够为居民提供基本生活保障，减轻社会成员因生、老、病、死、伤残、失业等风险带来的经济压力，增强社会稳定性。例如，养老保险确保老年人在退休后有稳定的经济来源维持生活；医疗保险帮助人们应对高额医疗费用支出；失业保险为失业人员提供一定时期的生活补助，缓解失业期间的经济困难。我国持续加大对社会保障体系建设的投入，不断扩大保障覆盖范围，提高保障标准，致力于构建更加公平、更可持续的社会保障体系，让全体人民共享经济发展成果。

第五节　宏观经济监督的形式与内容

宏观经济监督的形式与内容主要涵盖以下方面：其一，依托综合经济管理部门实施监督；其二，运用行政手段对经济行为实施监督；其三，通过法律途径进行经济监督。为贯彻依法治国的基本方针，强化宏观经济监督，首要任务是健全经济法律法规体系，使监督有法可依；其次，要加大执法与监督力度，提高执法效能，切实做到依法监督、严格执法；最后，需深化司法体制改革，构建一个权责明晰、行为规范、监督有力、保障充分的执法体制。

我国已步入高质量发展的新时代，在市场经济的深刻影响下，经济体制正经历着日新月异的变革。宏观经济政策作为我国经济调控的核心手段，其重要性不容小觑。它不仅能够确保广大民众拥有稳定的就业机会，有效抑制物价波动，还能推动经济稳健增长，维持净出口收支平衡。而宏观经济政策的科学调控，离不开国家审计机关的严格监督与管理，这是保障社会稳定的重要基石。

一、明确审计职责，创造审计条件

针对审计部门在审计风险与职责界定方面存在的问题，当务之急是推动政府部门修订《中华人民共和国审计法》，在其中明确界定国家审计部门对国家宏观经济政策执行的监管职能，并赋予其参与宏观经济调控政策、经济项目规划、国企发展战略等重大决策及修订过程的权力，以此为审计部门奠定坚实的审计基础，确保经济政策审计监管得以有效实施。

二、拓展监管范围，保障全面监管

从当前审计实践来看，审计部门的审计范畴亟待拓展。应以预算审计为核心，同时加大对财政政策领域的审计监管力度，比如对财政税收政策与政府决策执行情况进行跟踪监督，以及对政府债务状况开展审计，确保审计流程合法有效，使审计工作更加全面、细致、完善。

三、关注政策扶持，确保政策落实

针对当前审计工作中存在的问题，审计部门的首要任务是加强对国家扶持产业政策执行情况的监管力度，确保针对中小企业的优惠政策能够广泛落实，助力中小企业持续健康发展。此外，审计部门还需积极推动国家减负政策的贯彻实施，促使企业严格按照政策要求履行社会责任与义务。同时，审计部门应坚决遏制和杜绝乱收费现象，以此提高审计工作的质量与效率。

四、公开流程，接受民众监督

为确保审计的公正性与透明度，审计部门应合理筛选审计流程，对涉及国家机密及信息安全的部分予以保密，而对于宏观经济调控、惠民扶助政策等相关审计，则需通过公告形式向公众公开，赋予群众对审计流程与内容的知情权和监督权，彰显宏观经济政策服务于民的根本宗旨。

审计工作的成效与流程至关重要。审计部门若要提高审计效率，首要任务是提升审计标准，拓展审计范围，加大监督力度。高度关注并监管国家扶助政策，确保政策的合法性与实效性。同时，保证审计流程公开透明，使审计工作更好地服务于国家发展，造福人民。

第三章 区域经济发展理论与战略

第一节 区域和区域经济

一、区域概述

（一）区域的界定

在区域科学广阔的研究领域中，"区域"恰似一颗璀璨却神秘的明珠，其英文表述为"Region"。这一概念内涵深邃，在实际应用中极具灵活性，宛如一座蕴含丰富宝藏的矿山。在区域经济理论研究的道路上，精准界定与划分区域成为研究者面临的首要难题。目前，学术界尚未能为"区域"这一概念给出统一的定义，主要原因体现在以下三个关键方面。

其一，研究议题的重要性和类型千差万别，如同风格各异的指挥家，致使区域规模变化多端，宛如灵动的舞者。其二，在确定区域范围时，为妥善避开国家内部不同区域间可能出现的"飞地"这种特殊情况，区域的连续性成为必须坚守的重要原则。其三，跨学科研究中的区域问题错综复杂，犹如一张大网。不同领域的学者基于自身独特的研究目标，对区域的理解和划分标准各不相同，恰似盲人摸象，各执一词。

一般而言，区域可看作是为实现特定目的，依据特定原则精心划定的地球表面的一部分。它如同一个由自然、经济和社会等多元要素相互交织、彼此作用形成的精密生态系统，具有相对完整的体系架构以及独立运行的功能模块。

（二）区域的特征

1. 地域性

地域，作为描述空间维度的关键概念，恰似整体画卷中的某一独特片段。它是经济活动及其赖以生存的生产要素得以存在与发挥作用的根基，即地域空间。地域空间并非简单的几何空间，而是一个融合自然条件、社会背景、历史发展脉

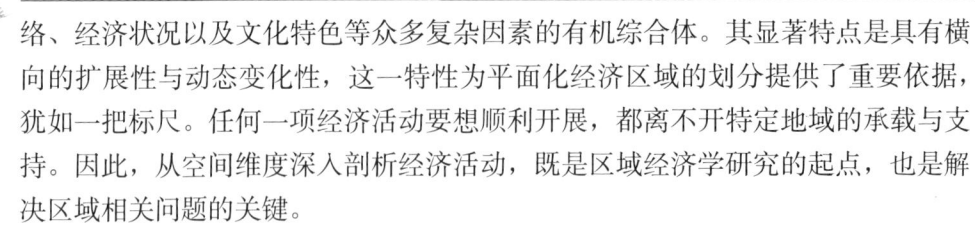

络、经济状况以及文化特色等众多复杂因素的有机综合体。其显著特点是具有横向的扩展性与动态变化性,这一特性为平面化经济区域的划分提供了重要依据,犹如一把标尺。任何一项经济活动要想顺利开展,都离不开特定地域的承载与支持。因此,从空间维度深入剖析经济活动,既是区域经济学研究的起点,也是解决区域相关问题的关键。

2. 结构性

结构性主要体现在以下三个方面。

(1)层次性。城镇体系是典型的区域层次结构,中心城市、次级城市、小城镇和农村形成逐级控制的关系。同时,层次性还体现在区域大小不同,大系统包含小系统。

(2)自组织性。区域的自组织性体现在竞争和集聚上,反映了其系统性。

(3)稳定性。稳定性意味着区域在客观性和地域上具有固定性,缺乏稳定性则难以体现区域的整体性。

3. 可度量性

每个区域都是地球上的一个具体部分,可在地图上描绘出来。具有明确的面积、范围和边界,便于测量。这些边界可通过经纬线及地标来确定。区域间的位置、方向和距离关系与可度量性密切相关。

4. 系统性

区域具有系统性,这一特性体现在区域类型的多样性以及区域内部要素的系统组织上。区域的不同性质源于其所承载的具体客体,而客体的多样性导致区域类型丰富多样。无论是自然界的几何形态,还是社会经济实体,最终都归属于特定的区域。每个区域都是一个有机整体,其内部各要素按照一定的秩序、方式和比例相互关联,并非简单堆砌。

5. 开放性

一个独立的区域并非孤立存在,而是在国家总体规划的指引下,不断与外界进行物质与能量的交换,优化自身结构,并发挥独特作用。若缺乏对外开放,区域便难以明确自身的发展定位;若失去总体目标的指导,区域发展可能陷入无序、失控状态,变得盲目、封闭、僵化,甚至停滞不前。在追求自身利益最大化、发挥比较优势的过程中,各个区域通常会构建起特色鲜明、专业化程度高的经济结构,从而在整体中塑造出独特的地位与形象。

(三)区域的分类

研究区域经济问题时,需根据目的和需求,从均质区域、规划区域、极化区域三个角度划分区域。

1. 均质区域

均质区域是指其内部性质相对一致，与外部存在显著差异的连续地表区域。实际上，任何区域内部都难以实现绝对的一致性。在探讨区域经济问题时，运用均质区域的方法，意味着我们要关注区域内部的共同特征以及该区域相对于更大范围所展现的独特性，深入理解并准确把握各个区域的特点、功能及其相互间的差异。

2. 规划区域

规划区域，也称为计划区，是指政府在进行经济决策时，根据政策目标划定的特定地理范围。这一区域被赋予了一种统一性，成为政府实施经济政策的具体地域。规划区域通常建立在具有相似特征的均质区域或以某个核心节点为中心的结节区域之上。政府在确定规划区域时，主要依据两个标准：一是区域内自然条件、社会和经济特点的相似性；二是各组成部分之间经济联系的紧密程度。如果规划区域的划分忽略了各地域单元的独特经济特点和功能联系，不加区分地设定规划边界，那么可能会出现某些地区与区域外节点之间的联系反而比区域内更为紧密的情况，这将削弱规划决策的有效性和针对性。因此，理想的规划单元通常是结节区域，因为它们本身具备较强的内部联系和一致性。

由于区域政策的实施依赖于行政权力，而这种权力主要由政府而非私人机构掌握，所以在规划区域划分时必须考虑行政区划的因素。通常情况下，规划区域的边界会基于现有的行政区域体系来确定，并适当考虑行政区域的完整性，以确保基本数据的收集和政策实施的顺利进行。正如美国区域经济学家埃德加·M.胡佛所强调的："最实用的区域分类是那些遵循行政管理边界的区域。"

为保证政策的有效实施并提高其效果，规划区域应具备清晰明确的边界，且其地域规模不宜过大。如果地域边界模糊不清，各项政策措施将难以具体落实到各个地区，从而影响政策的实际效果；而如果规划区域的规模过于庞大，政府在政策制定与执行过程中可能会力不从心，毕竟政府资源和能力有限。

3. 极化区域

极化区域描述的是中心地与周边地区之间存在的经济互动和联系，形成一个异质但连续的经济地理区域。通常，这种区域以中心城市作为增长极，其影响力通过交通线路向外辐射扩散，带动周围地区的经济发展。在这种模式中，中心城市扮演着极化区域经济的核心角色，周边地区则受益于中心城市的辐射效应得以发展。在中心城市的吸引作用下，外围区域的各种资源和活动向中心聚集，从而形成了一个内部联系紧密、一体化程度高的经济区域。这个核心可被视为佩鲁增长极理论中的"发展极"。采用极化区域的方法来研究区域经济问题，旨在突出区域内经济活动的重心，并通过分析中心地与周边地区的相互关系，更好地理解整个区域的发展动态。这种方法强调了区域经济重心的重要性，同时关注中心地与其他区域之间的互动，即如何通过中心地的作用点来影响其他区域。在这种视角下，极化区域可被视作一个关键节点，因此也被称为节点区域。

二、区域经济概述

（一）区域经济的界定

区域经济是国民经济体系中不可或缺的子系统，宛如国民经济这座宏伟大厦里的独特单元。它依托特定的地理范围，凭借鲜明的地域特性而独具一格。在这特定的地理空间内，各类经济活动并非孤立存在，而是紧密关联、相互影响，共同构成一个有机整体，其中蕴含着这些经济活动及其相互间千丝万缕的联系。区域经济以实际存在的经济地域单元为基础构建，遵循地域分工原则，在长期发展中逐渐形成具有独特风貌与特征的经济形态，恰是不同地域因文化、气候等差异呈现出各异的建筑风格。

（二）区域经济的特征

1. 地域性

区域经济在国家经济的庞大版图中占据关键的空间结构地位。其研究核心在于从空间维度深入探究经济活动的规律。无论经济活动涉及哪个具体部门，处于何种发展阶段，都无法脱离特定的区域环境，必然要在特定区域范围内开展。可以说，区域就像经济活动的舞台，缺少这个舞台，经济活动便失去施展空间。因此，从空间视角审视经济活动，是解锁区域经济奥秘的关键，是理解区域经济本质的核心。正因如此，在区域经济学的丰富文献资料中，"区域"与"空间"这两个概念常被视为可相互替代、含义相近的术语。地域性自然而然成为区域经济最为基础且突出的显著特点，这一特性使其与国民经济和产业经济形成鲜明区别。从区域经济的独特视角看，每个经济区都如同国民经济分工体系这部宏大交响乐中的独特音符，各自扮演着独一无二的角色。各个区域因自然条件、资源禀赋、历史文化等方面的独特性，赋予区域经济浓郁鲜明的地域特色，恰似不同地域的美食各具独特风味。

2. 综合性

区域经济是一个相对独立却又内部紧密相连的复杂生态系统，是高度有机的整体。它广泛涵盖地域、产业、经济以及非经济等多个层面的构成要素，犹如一幅包含自然景观、人文风情、生产活动和社会关系等多方面内容的丰富画卷。其范畴不仅包括生产领域内各类创造价值的活动，如工厂生产制造、农田耕种收获等，还涵盖非生产领域的诸多重要内容，如教育、医疗、文化娱乐等为经济活动提供支撑与保障的环节。区域之间的联系错综复杂，是产业间和地区间经济联系的综合体现，如同一张纵横交错的大网，各个节点相互交织、相互影响。尽管不同区域的经济活动在表现形式、发展重点等方面各有不同，但都共同展现出一定程度的综合性特征，包含多种要素的协同运作与相互作用。

3. 发展的不平衡性

区域经济的发展进程如同在不同赛道上进行的赛跑，受自然条件、社会环境以及经济因素等多重复杂因素综合影响，呈现出显著的空间不平衡态势。这种不平衡体现在诸多方面。在自然资源方面，不同区域在地理位置、气候条件、地质地貌、土壤质量、植被覆盖、地下矿藏、水力资源、森林覆盖率等方面存在巨大差异。例如，沿海地区与内陆地区因地理位置差异，沿海地区在对外贸易、海洋资源开发等方面具有天然优势；山区和平原地区因地质地貌不同，农业生产方式和产业发展方向截然不同。在经济活动中，劳动力、资金和技术等生产要素的流动与配置极不均衡，这直接导致不同地区在生产发展水平、规模大小、产业结构及其演变、市场容量与发展程度、经济活动的成本与效率等方面出现明显差距。一些经济发达地区能够吸引大量资金和高素质人才，推动产业持续升级、市场繁荣；而一些落后地区则面临资金短缺、人才流失等困境，产业发展滞后，市场活力不足。此外，人文环境及其他非经济因素，如人口数量、素质和密度、民族信仰、历史文化传统、社会发育程度、居民性格特征、风俗习惯等，在区域之间也存在明显区别。这些因素如同众多不同方向的力，共同作用于区域经济发展，最终造成不同区域之间在经济实力、增长速度、发展水平及民众生活水平上的不均衡，使得区域经济发展呈现参差不齐的局面。

第二节 区域经济发展战略的准则

一、区域经济发展战略简述

（一）区域经济发展战略的概念

"战略"这一概念最初源于军事领域，强调智慧与规划的指导原则。随着时间推移，"战略"一词逐渐被引入经济领域，其含义扩展为涵盖统领全局、影响成败的策略、计划和应对措施。在现代语境下，区域经济发展战略是指国家或特定区域为在未来较长时期内实现其经济和社会发展的总体目标与任务，而制定的具有全局性、长远性和方向性的规划。

（二）区域经济发展战略的特征

1. 主动性

区域经济发展战略作为决定整体布局的关键规划，核心在于获取、维持和增强全面的主动性。主动性成为战略本质特征的原因，在于它体现了整个区域经济体系的一种内在品质与能力，即保持并提升自身生存和发展水平的能力。拥有主动性可使一个系统从弱势转为强势，或让强者更强；反之，失去主动性可能导致强者衰弱或弱者更弱。主动性主要体现在系统能否保持和提高自身生存能力，这涉及系统的稳定性、适应性和有效性。通过深入战略研究，能确保系统获得并保持这种主动性，使其结构和状态更利于应对环境变化，维持稳定性和适应性，展现较强的自组织能力和自适应能力。这样的系统将具备强大内聚力和吸引力，最大限度发挥整体功能。简言之，战略制定过程就是筹划如何实现和保持这种主动性，而真正落实依赖于战略的实际执行。

2. 预见性

预见性指具备较强前瞻性能力，可分为狭义和广义两种。狭义的预见性主要体现在设定长远目标时，对经济发展规模、增速及水平等具体指标进行预测。这类预测的特点是：时间跨度越短，预测结果通常越准确；预测时间范围越长，出现误差的可能性越大。广义的预见性不仅包括对经济指标的预测，还包括对未来产业结构变化趋势的预估，以及对区域政策调整方向和发展路径的整体把握。

3. 全局性

一个地区的经济建设涵盖广泛内容，涉及多种多样的活动和领域。因此，经济发展战略需全面考虑经济活动中各方面需求，确保统揽全局，协调各个领域同步发展，平衡各方利益。这要求战略规划不能片面，既不能只关注某一方面而忽视其他方面，更不能因小失大，忽略整体发展大局。为实现区域经济的最大宏观效益，经济发展战略必须从宏观角度出发，优化配置和利用进入该区域的内外部资源，推动整个区域高效、协调发展。

4. 政策性

经济发展战略确定后，其实施依赖于政府权力体系的有效运作。这意味着战略需具体化为政府的各项政策、法规和措施，尤其在财政、金融、产业、投资、外贸、价格、劳动就业及收入分配等政策领域体现发展战略的指导思想。通过这些具体政策措施，发展战略能在社会经济活动中产生实际影响，发挥宏观调控功能。

二、区域经济发展战略的准则

区域经济发展战略的主要准则包括均衡准则、协调准则、速度和效益并重准则、经济和社会统一准则、对策与目标统一准则和可持续发展准则等六项。

（一）均衡准则

在全球范围内，中心与边缘体现为发达国家与发展中国家的关系；在国内，表现为发达地区与欠发达地区的差异；在地区层面，是城乡之间的关系；在城市内部，则是市区与郊区的联系。

城乡之间，即中心与边缘，存在相互依赖关系。城市集中了工业、商业以及科技文化与教育事业；相对地，农村主要专注于农业生产。这种产业分布格局使城乡在经济上紧密相连。农村为城市输送粮食、原材料和劳动力，城市则为农村提供日用工业品和机械设备。此外，城市中的商业和服务业还促进城乡交流。这充分体现了城乡之间，即中心与边缘相互扶持、互为依存的一面。然而，更为显著的是，城乡之间（即中心与边缘）存在差异、冲突与矛盾。

生产力发展水平的差别：现代先进生产力集中于中心区域，而传统落后生产力分布于边缘地区，导致两地生产方式截然不同。

社会文明程度的差别：中心区域汇聚现代科技、高等教育、文学艺术及前卫文化理念，而边缘地区以传统手工技术、初等教育、过时观念及文化匮乏为特征，两地社会发展水平差异显著。

居民收入水平的差别：中心与边缘地带居民收入差距明显，更重要的是，这种收入差距带来教育、生活方式、文化修养及心理素质等多方面差异。

（二）协调准则

协调准则强调优势资源开发与区域经济发展的有机结合，涵盖以下四大方面。

1. 结合区域优势，发展特色区域经济

区域经济具有丰富多样性，根源在于多个复杂交织层面。

自然条件与资源分布：自然条件与资源分布在地球上不均衡。不同区域的气候、土壤、地形地貌以及矿产、能源等资源禀赋差异巨大。例如，一些地区土地广袤肥沃，农业生产得天独厚；另一些地区富含珍稀矿产，为工业发展提供关键支撑。这种自然基础差异，从一开始就为区域经济发展铺设不同轨道。

初始经济发展水平和特点：各地初始经济发展水平和特点不同。历史发展进程中，有的区域早早开启工业化进程，积累雄厚工业基础和技术经验；有的区域因独特地理位置，长期以贸易、旅游等服务业为主导。这些早期形成的差异，深刻影响后续区域经济发展路径与方向。

社会经济因素：社会经济因素构成庞大复杂生态系统。人口结构、文化传统、政策制度、科技教育水平等多方面因素相互作用。在人口密集且教育资源丰富的区域，易孕育知识密集型产业；在具有深厚商业文化传统的地区，商业贸易活动更为活跃。

生产专业化、集中化和联合化效益：充分挖掘生产专业化、集中化和联合化效益，能为区域经济发展提供强劲动力。区域专注特定产业领域实现生产专业化，可以通过规模效应降低成本、提升质量；集中化生产能够整合资源，提高生产效率；联合化发展可以促进企业间的协作，拓展产业链条，创造更大的经济效益。

地理位置独特性：自然地理、经济地理、交通地理和国防地理位置的独特性，对区域经济发展影响重大。沿海地区凭借便捷海运交通，在国际贸易中占据先机；处于交通枢纽位置的区域，物流、人流、信息流汇聚，商贸物流产业繁荣；具有重要国防战略意义的地区，相关产业发展受特殊政策支持与引导。

正是这些不平衡与差异，促进区域间分工、互补与协作。各个区域发挥自身优势，用本地供给充裕且成本低廉的产品，交换自身稀缺或生产成本高昂的必需品。例如，农业产区用农产品换取工业制成品，工业区域用工业产品获取所需原材料和生活物资。这种基于比较优势的交换行为，推动相关区域协同共进，提高整体资源使用效率。区域间相互联系与支持不断加强，为在更大范围内实现经济结构优化、资源合理配置奠定基础，推动整个经济体系高效、协调发展。

2. 正确处理发挥区域优势与全面资源观的关系

经济发展所需资源可分为社会资源、经济资源、技术资源和自然资源四大类。在全球经济一体化、信息技术飞速发展及物流网络日益完善的背景下，社会发展迅速，区域经济对自然资源的依赖程度逐渐降低。资源结合的方式与紧密程度，对区域经济发展成效影响显著。因此，树立全面资源观念至关重要，即在强调技术资源核心作用的同时，妥善处理自然资源优势与其他资源优势的关系。

3. 区域经济与国民经济协调发展

区域经济与国民经济协调发展，需准确理解历史优势与当前优势、潜在优势与现有优势的关系。区域优势并非固定不变，需通过持续培育和开发来维持和发展。这不仅要求挖掘并激发区域内固有优势潜力，还需加强与其他相关区域合作，实现优势互补。

4. 结合区域综合优势与区域比较利益

根据比较利益原则，发挥区域优势的核心在于追求分工效益，力求在整体利益和区域局部利益间找到最佳平衡点。过去，在资源价格低廉甚至免费的情况下，欠发达地区常依赖提供低附加值初级产品，从发达地区获取高附加值深加工产品。这种模式导致欠发达地区虽有资源优势，但利益被技术先进地区占据，加剧区域差距。为扭转这一局面，必须整合多种资源优势，提升区域自身综合发展能力。

(三) 速度和效益并重准则

区域经济增长不仅体现在速度上，更重要的是体现在增长质量和效益上。我国在区域经济发展过程中有过深刻教训：过去过于注重经济建设速度而忽视实际效益，虽然统计数据实现高速增长，但人民群众和社会获得的实际利益有限。对于不发达地区，由于与发达地区存在显著经济技术差距（即"位势差"），追求一定经济增长速度合理。然而，这种增长速度必须建立在不断改善经济效益的基础上。如何在战略层面确保速度与效益长期平衡，涉及区域经济发展多个方面，但关键在于优化区域经济系统结构，将速度和效益双重目标建立在更合理结构基础上。从战略角度出发，考虑和解决结构性问题是实现这一目标的核心。通过优化区域经济系统结构，可以确保经济增长既快速又高效，同时促进社会整体福利提升。因此，在区域经济发展战略中，协调速度与效益关系，使之并重，至关重要。

(四) 经济和社会统一准则

这里的经济与社会涵盖经济活动以及经济领域之外的各种社会生活方面。经济发展在很大程度上依赖科学技术、文化教育等社会事业进步和社会管理体制完善，同时受社会风气、文化观念及个人综合素质影响。缺乏这些社会因素支持，经济发展将孤立且难以持续。反之，经济增长和社会财富积累为科学技术、文化教育等社会生活进步提供坚实物质基础。因此，经济与社会相互依存、相辅相成。制定区域发展战略时，必须将两者结合考虑，确保协同发展，不可偏重一方而忽视另一方。

(五) 对策与目标统一准则

区域经济发展战略是目标与对策有机结合的整体规划。其中，战略目标包含理想、愿景和具体发展指标。"理想"代表战略追求的最高层次，体现区域发展最终愿景，具有抽象性，不拘泥于具体形态、情景或时间限制。战略目标以共同理想为导向，结合具体愿景和发展指标构建。相比之下，战略对策是实现这些目标的具体手段、路径和方法。

简言之，战略目标与对策构成目标与手段关系。二者必须紧密结合、相互统一，但不是简单匹配，而是在既定目标基础上，使手段和对策更具创新性。创新是战略决策的灵魂，应贯穿战略决策各方面——从战略目标、重点到各个发展阶段的创新。同时，创新应渗透到战略规划、实施、调控及评估各环节。

创新需着重体现在战略对策设计与选择上，这是确保战略目标有效实现的关键。战略对策创新不仅体现在多样性上，更重要的是具备促使战略目标高效、优质、节约实现的性能和机制。这取决于战略对策的科技水平、理念先进性以及战略手段的优化组合等因素。总之，制定和实施区域经济发展战略时，必须遵循创新原则，尤其是战略手段创新。

（六）可持续发展准则

部分地区制定经济发展战略时，常忽视人口、资源和环境保护的重要性，错误认为经济增长可能牺牲生态环境，甚至提出"先污染后治理、先开发后保护"的短视思路。这种片面追求经济增长、无视环境保护的观念，已带来严重后果。诚然，短期内强调生态环境保护，可能因资源再利用等限制而减缓经济增长速度。但从长远和全局看，这是确保经济与社会同步健康发展的必由之路，是"以人为本"发展理念的根本体现。然而，我国许多环境资源未纳入市场体系，产权不明、定价缺失、未纳入经济指标考核，相关损失未从名义经济增长中计算和扣除，未引起足够重视。需注意，某些环境问题一旦产生，难以逆转，给后代造成的危害和损失无法估量。因此，只有坚持可持续发展原则的战略，才是科学、合理的发展之道。

第三节 各类型地区区域经济发展战略研究

一、城市经济发展战略

（一）城市经济发展战略的概念

城市经济发展战略，是对城市经济系统及其内部经济结构、外部经济环境进行分析评估，明确城市在特定时期的发展目标，并制定实现该目标所需的途径、措施及整体部署。

（二）城市经济发展战略的制定原则

制定城市经济发展战略时，通常需遵循以下原则。

1. 关联原则

关联原则是规划城市经济发展战略的核心原则，涵盖以下三大方面。

一是供需之间的关联。城市经济发展本质上是供需双方互动的过程。供给系统由生产要素不断融合，进而形成企业与产业，其变化主要体现在生产要素的配比关系，即生产函数的变动上，具体包括土地、自然资源、劳动力、技术以及管理等要素构成的产品制造与服务供给架构。而需求系统则涵盖消费、投资以及外部需求（含出口）三大板块。

二是供给要素之间的关联性。制定城市发展战略时，需全面评估生产要素匹配度及资源获取难易程度，明确具有市场潜力和要素供给优势的产业、产品，将其作为城市发展的支柱或主导产业。

三是产业之间的关联性。一方面，城市经济发展需妥善协调第一产业、第二产业与第三产业在市域内的相互关系；另一方面，城市经济系统是一个有机整体，其中主导产业、支柱产业与相关辅助产业、基础产业部门间存在一定的比例关系。主导及支柱产业作为商品输出的核心，对城市经济增长起着至关重要的拉动作用。因此，根据地方特色培育主导产业、适时调整并更新支柱产业，是确保城市经济持续增长的关键。

2. 实事求是原则

一方面，由于各城市在资源、地理条件、人口素质、交通状况和基础设施等方面存在差异，制定城市经济发展战略时，必须紧密结合本市具体情况，突出本地优势与特色。只有这样，才能制定出既符合实际又能充分发挥本地特长的可行发展战略。另一方面，城市经济发展不仅要依据自身独特条件进行规划，还应考虑国民经济的整体需求，以此确定发展方向。如此既能保持城市发展的独特性，又能确保城市经济活动融入国家整体经济运行体系。

（三）城市经济发展的战略措施

1. 锚定产业优先，筑牢经济根基

产业对于城市经济而言，是城市经济的中流砥柱，是驱动城市经济增长的核心动力源。要实现城市经济的稳健发展，强化主导产业与支柱产业的发展刻不容缓。一方面，需着力扩大产业规模，通过加大投资、引入先进技术与设备等方式，提升产业的产能与效益。另一方面，提升产业结构层次、集中度及外向性同样关键。积极推动产业向高端化、智能化、绿色化转型，引导产业资源向优势企业集聚，增强产业的市场竞争力与对外辐射能力。同时，全力延伸中心城市的产业链条，从产品研发、生产制造到市场营销、售后服务等环节，构建完整且高效的产业链体系。

对于其他城市而言，应敏锐洞察产业链扩展需求及各环节的依存关系，主动承接中心城市的辐射带动。围绕区域主导产业与支柱产业，积极发展与之配套的上下游产业，填补产业链空白，形成紧密协作的产业集群。此外，各城市还应深挖自身独特优势，如特色自然资源、传统工艺、文化底蕴等，培育具有鲜明地方特色的产业。如此一来，既能避免区域内因产业结构趋同引发的恶性竞争，又能通过主导产业、支柱产业与特色产业的互补共进，搭建起布局合理、协同高效的产业框架，打造富有活力的板块经济，构建起层次分明、纵横交错的经济网络体系，为城市经济持续发展注入源源不断的动力。

2. 革新观念认知，构建开放市场格局

城市经济发展不能局限于一隅，而应站在整体区域利益的高度，拓宽视野，精准把握区域性市场与国内国际市场的衔接点。要牢固树立全面开放的市场发展观，强化开放意识与大市场理念。在区域内部，打破城市间的市场壁垒，实现生产要素、商品与服务的自由流通，促进区域市场的一体化发展。与此同时，积极融入全球经济体系，面向国内外开放市场，吸引外部优质资源流入，推动本地优势产品与服务"走出去"。在全国统一市场的大框架下，打造一个既立足本地实际，又能充分对接国内外市场的开放型市场体系，为城市经济发展开辟广阔空间。

3. 强化制度保障，营造优良发展环境

完善的制度体系是城市经济健康发展的基石。首先，要依据各成员城市的实际状况，精心培育和发展涵盖物流、人才、劳动力、资金和信息资源等领域的各类市场，构建全方位、多层次的市场网络。通过优化市场布局、提升市场设施水平等举措，提高市场的运行效率与服务能力。

营造规范有序的市场秩序同样至关重要。制定并完善相关政策法规，加强市场监管力度，坚决破除行政分割与地方保护主义，确保市场竞争的公平性与公正性。各城市的职能部门应切实转变职能，将服务市场主体作为工作的出发点和落脚点。秉持依法行政原则，做到文明执法，为市场主体提供优质、高效的服务，共同营造有利于区域城市经济发展的政策环境、信用环境、服务环境和执法环境，让市场主体在良好的制度环境中茁壮成长。

4. 深耕文化建设，促进经济文化交融

城市历史文化是城市的灵魂，在城市经济发展中具有不可替代的作用。应在尊重和传承城市历史文化的基础上，深入挖掘区域内各城市文化的共通之处，通过包容与融合，凝练出独具魅力的区域性文化精髓。以文化内涵的提升为契机，营造先进文化蓬勃发展的浓厚氛围。

充分发挥先进文化对城市经济的引领与渗透作用，借助文化的力量塑造城市的独特形象，展示城市魅力。大力发展文化产业，培育文化创意企业，打造具有广泛影响力的文化品牌。推动文化与经济在各个领域的深度融合，如文化旅游、文化金融、文化科技等，以文化产业的繁荣带动城市经济的多元化发展。

城市经济的发展是一个复杂的系统工程，不仅涉及经济领域的协同合作与创新发展，还与文化传承、地理区位等诸多因素紧密相连。因此，必须全力消除制约城市经济发展的各类障碍，为城市经济发展创造更为有利的环境，这是推动区域经济实现快速、高质量发展的当务之急与关键所在。

二、农村经济发展战略

（一）农村经济发展战略的概念

农村经济发展战略，简言之，是对农村经济全局与长远发展的精心规划与指导，其核心在于明确一个地区经济发展的目标、核心理念及基本策略。

（二）农村经济发展战略的制定原则

1. 从实际出发原则

在制定农村经济发展战略时，坚持实事求是这一基本原则至关重要，即要紧密结合具体的国家与地区实际情况，避免脱离现实。我国作为一个人口基数庞大、人均资源占有量不足、劳动力资源丰富、地域辽阔且地区间差异显著的国家，这些国情特点制约着农村经济发展。因此，只有根据各地实际情况，采取针对性策略，发挥各自优势，扬长避短，农村经济才能实现较为迅速的发展。

2. 定性与定量相结合原则

在制定农村发展战略目标时，应遵循定性与定量相结合的原则。在我国，确保农村发展战略目标符合社会主义方向是定性的核心要求；而定量的核心则在于明确农村社会总产值、工农业总产值增长的具体数量及比例，特别是国民收入的增长速度、农村居民预期的生活水平，以及其他农村经济和社会发展的各项指标。在规划地区农村经济发展战略时，需确保与全国发展战略目标相协调，并参考条件相似的地区进行横向对比，从而制定出既先进又可靠的战略目标。

（三）农村经济发展的战略措施

1. 实施农村科技战略

考虑到农业与农村科技水平相对较低且公益性强，加之农民经济活动分散、对科技成果的购买与吸收能力有限等特点，政府必须加强组织、支持与引导，强化宏观调控与管理，制定具有前瞻性和全局性的战略措施。重点解决制约农业与农村科技进步的机制、体制和政策障碍，构建符合当前形势要求的新型农业科技创新与推广体系，推动农业和农村经济社会发展转向依靠科技进步和提高劳动者素质的轨道。

2. 实施农村资源战略

农村资源的合理开发与利用，是实现农村现代化进程中一个至关重要的实践与理论课题，它不仅关乎农村经济社会发展的全局，更与人类的生存质量息息相关。其在推动农村经济发展上的重要性主要体现在以下几个方面：合理开发与利用农村自然资源，不断提升其自然品质，是确保农村经济持续健康发展的基石；农村资源的丰富程度与质量，将直接或间接地影响农村食品加工、林木加工、建材生产、水电开发、矿产加工、观光旅游等多个行业的发展速度、规模与模式；开发农村资源是缓解人口增长与人均自然资源减少之间矛盾的有效途径。

三、山区经济发展战略

（一）山区经济发展战略的概念

山区经济发展战略，是在深入剖析山区经济发展所面临的各种限制因素的基础上，从山区整体大局出发，规划的一个长期目标，旨在促进山区经济的繁荣与山区民众生活水平的提升，并明确实现这一目标的根本路径与方法。

（二）山区经济发展战略的制定原则

1. 优化效益原则

效益，即产生的有益结果。发展经济的核心目的，就是要带来对人们有益的效果，这既包含经济效益，也涵盖社会效益。在制定山区经济发展战略时，依据提升经济效益的原则来选择经济发展目标，并据此开展经济活动，是其本质所在。

2. 客观性原则

在制定山区经济发展战略之初，首要任务是客观而深入地剖析山区实际情况，尊重既存的客观条件。这要求我们准确认知与评价山区的自然环境、资源禀赋以及社会经济状况，明确其在自然与经济地理中的位置，清晰把握山区的优势与劣势，深入了解农林牧副渔、农工商等各行业的发展潜力、内在联系及其所受制约。基于这些分析，我们才能为山区选定适宜的发展方向。例如，我国在规划北方半干旱山区县时，就提出了"发展保护性林业、自给自足型农业、开发性畜牧业及系列化乡镇企业"的导向。鉴于各山区之间存在显著差异，因此具体的发展方向需紧密结合各自特色来确定。

（三）山区经济发展的战略措施

1. 发展特色产品战略

特色产品的独特性主要体现在其卓越的品质、独特的实用价值以及供应的有限性上。在制定发展特色产品的策略时，应当做到如下几方面。一是针对那些具有明显优势和增长潜力的产品，强化资源的集中投入，同时增强保护和支持力度，提升市场敏感度及品牌推广意识，从而构建一个从产品创新到升级再到市场自然垄断的良性生态循环。二是重点在于培育和发展特色产业，这是推动特色经济发展的核心所在。产业的专业化整合是实现这一目标的关键步骤。三是强调特有资源的有效转化作为支撑点的重要性。因为没有这些特有的资源，特色经济的发展就如同无根之萍，缺乏坚实的基础。鉴于资源的稀缺性，必须确保它们得到最优化的开发与利用，以特有的资源来制造独一无二的产品。

为了有效推进山区特色经济的发展，需要深入理解和评估山区的具体状况，不仅要开发利用现有的资源，还要探索潜在的资源价值。此外，应该摒弃那种仅仅局限于"拥有什么资源就卖什么资源"的传统观念。对于缺乏直接资源的情况，可以考虑创造性的资源培植；而对于已有的资源，则应寻求再生和可持续利用的方法，让资源能够持续产出，多次使用，进而形成新的经济增长点和财富源泉，不断促进山区特色经济的繁荣与发展。

2. 对外开放战略

为了促进山区的对外开放，需要进一步强化招商引资的举措，尤其要着重于以旅游业为驱动的商贸服务业的发展。应加大对旅游基础设施的投资力度，优化交通条件，同时坚持生态、文化及民族风情旅游的融合，通过旅游业的繁荣来推动开放进程，实现扶贫目标，并促进区域经济的整体发展。山区不仅坐拥丰富的矿产资源和林牧资源，还拥有令人叹为观止的自然风光以及丰富多彩的民族文化与艺术，这使得该地区具备了开发特色旅游项目的巨大潜力，例如民族风情游或旅游购物体验等服务形式。通过发展这些具有地方特色的旅游项目，不仅可以改变当地居民的思想观念，促进科学技术的交流，还能带动交通运输、酒店餐饮等相关产业的兴起和发展，进而对整个山区的经济增长产生积极影响。

3. 改善环境战略

为了推动山区外向型经济的发展，改善环境是至关重要的一步。在遵循上级政策的基础上，应根据山区的具体情况制定切实可行的规定。对于那些能够创造外汇收入的企业，应当在税收优惠、信贷支持、能源保障、物资供应以及人才分配等方面给予优先考虑和支持，并实施保护性价格策略。与此同时，加强环境建设以优化投资环境也是必不可少的。在提升"软环境"方面，应该注重培养和吸引外贸及外资管理方面的人才，积极拓展与国内外的联系和技术经济交流，开辟更多利用外资的途径。而在改善"硬环境"方面，则需着重于交通网络、邮政电信服务、电力供应以及旅游设施等基础设施的建设，进一步提升对外接待和服务的质量，从而为外向型经济的发展提供更加有利的条件。

第四章　企业经济管理

第一节　企业经济管理概述

一、企业的定义

在经济领域中,企业扮演着极为关键的角色。它是专门从事生产、流通、服务等各类经济活动的经济组织,其核心目标明确,即通过参与市场竞争获取盈利。在市场环境里,企业犹如一艘自主航行的船只,需自主决定经营策略,独立承担盈亏后果,并依法独立承担民事责任。

要成功成立一家企业,需同时满足三个不可或缺的基本条件。首先,企业必须构建一套完善的组织机构。其中,企业名称作为对外展示的标识,如同人的名字,需具备独特性与辨识度,以便在市场中脱颖而出;办公及经营场所是企业开展各项业务活动的物理空间,无论是现代化写字楼,还是充满活力的创业园区,都承载着企业的梦想与希望;组织章程则是企业运行的"宪法",明确规定企业的宗旨、组织架构、决策程序等关键内容,确保企业在发展过程中有章可循。

其次,企业需拥有自主经营、独立核算、自负盈亏的法人资格。这意味着企业在经营活动中能够自主决策,根据市场变化灵活调整经营方向,不受过多外部非市场因素干预。在财务核算方面,要做到独立清晰,准确记录每一笔收支,以此精准衡量企业的经营成果与财务状况。同时,企业要为自身经营结果负责,盈利时享受收益,亏损时自行承担损失,这种自负盈亏机制促使企业不断提高经营管理水平,增强市场竞争力。

最后,从本质上讲,企业是一个纯粹的经济组织。它与其他社会组织存在明显区别,其一切活动围绕经济利益展开,通过整合各类生产要素,进行高效资源配置,为社会创造产品或提供服务,进而实现自身的经济价值与社会价值。

二、现代企业经济管理的原则

在企业的发展进程中,经济管理不仅是企业的根基,更是掌控其发展脉络的关键。企业经济管理,是指管理主体在经济活动中,通过发挥管理职能,对人力、物力、财力、时间、信息等资源进行合理配置与高效利用,同时妥善调节各社会集团及个人间的物质利益关系,以达成既定目标的一系列综合活动。

经济管理的基本原则,是经济管理者在遵循经济管理基本原理的基础上,通过实践经验积累总结出的行为准则。这些原则不仅是经济管理基本原理的具体体现,也是经济管理者在经济管理活动中必须恪守的规范。

(一)整分合原则与相对封闭原则

经济管理的系统原理具体体现为整分合原则和相对封闭原则,这两者使原理得以规范化和具体化。

1. 经济管理的系统原理

经济管理的系统原理受系统理论启发,主张将组织视为一种人为构建的开放性系统进行管理。该原理强调,经济管理应立足组织的整体性,依据系统特性,全面把握系统运行规律,对经济管理各方面的前提进行系统性剖析,力求实现系统的最优化。同时,需根据组织活动成效及社会环境变化,灵活调整与控制组织系统的运行,以确保最终达成组织目标。

2. 整分合原则

整分合原则强调,为提高经济管理效率,必须先确立整体规范,在此基础上进行明确分工。分工之后,还需进行有效的综合,构建清晰的目标体系,同时明确各分工环节的权利与责任,确保计划的科学性和有效性,以保障任务顺利完成。在这一原则中,整体是出发点,分工是基石,综合是成功的关键。践行整分合原则,通常包含三个关键步骤:确立整体目标、系统分解任务、综合协调各方面工作。这一原则的核心在于,经济管理过程中既要有分工也要有综合,且一般按照先分工后综合的顺序进行。

3. 相对封闭原则

任何社会组织本质上都是开放系统,与外部环境存在物质、能量和信息的持续交换。然而,作为特定类型的组织,经济管理系统在运作时需构建一个相对连续且封闭的反馈回路,形成螺旋式的开放循环,并不断重复这一过程。这种设计确保系统内部各要素和子系统之间有机连接与协同工作,促进信息有效反馈,从而维持高效的经济管理活动。这便是经济管理的相对封闭原则。

在管理的相对封闭原则下,管理活动分为内部管理和外部联系两大方面。内部管理要求各个组成部分及环节紧密相连,形成闭环,确保各部分和环节的功能充分发挥。而对于外部联系，任何相对封闭的管理系统都需保持开放性，与其他相关系统保持输入与输出的关系，实现有效互动。

（二）反馈原则与弹性原则

反馈原则与弹性原则，是经济管理的动态原理中的重要衍生原则。

1. 经济管理的动态原理

经济管理的动态原理可从两个核心方面理解：其一，它指经济管理体系内部架构、作用及其操作情况会根据内部各组成部分及其他内在条件的变动，相应地作出适时调整和演变，体现出动态变化特性；其二，作为更大体系中的一个子系统，经济管理组织也会随着整体大环境的变动而相应调整自身，遵循随外界动态而动的规律。

此动态原理体现了经济管理的两大关键属性—有序性和适应性。有序性意味着经济管理活动需依据一定规则有序展开，确保流程的连贯性和合理性。适应性则强调经济管理必须敏锐捕捉并深入分析内外部环境的变迁，积极应对这些变化。

2. 反馈原则

根据动态原理，经济管理组织系统需具备适应内外环境变化的能力，以满足不断调整的需求。具体而言，体现在两个方面：一方面，每个经济管理实体都必须积极监控外部环境和内部行动的变化，确保能及时获取最新动态信息；另一方面，需将实际执行结果与预定目标进行对比分析，识别任何偏差，并迅速采取措施加以修正，以此保障组织既定目标的顺利达成。为共同目标运作，通过将实际结果反馈给决策层，形成因果互动机制，从而实现对过程的动态调控，这就是经济管理中的反馈机制。经济管理的反馈原则着重提升信息处理的全面性，包括增强信息收集的敏感度、深化信息的解析与整合能力，以及强化基于信息分析的反馈调控机制。

3. 弹性原则

随着社会经济不断进步，经济管理组织面临的环境愈发复杂多变，这些组织与外界环境的相互依存关系也愈加紧密。为在这样的环境中求生存、谋发展，组织客观上需要增强其经济管理的灵活性，即在各个层面保留一定的缓冲空间，以便面对各种不确定因素时能迅速做出调整，展现强大的适应能力。这种对灵活性的需求体现在经济管理的弹性原则中，强调不仅要积极培养"主动灵活"的态度，而且要特别注重提升关键节点上的局部灵活性。

（三）能级原则与行为原则

能级原则与行为原则均以突出人的作用为核心，而经济管理中的人本原理则是这两项原则的基础和核心。

1. 人本原理

人本原理是从经济管理视角出发，对人类本质特征的理解和理论研究。它强调在经济管理活动中，人的核心地位和重要作用，将人的因素置于首要位置。这意味着，经济管理者需高度重视人际关系的处理，激发个人的积极性与创造力，并将人员管理作为经济管理的基础工作。通过这种方式，确保每个成员都清晰了解组织的整体目标和个人职责，从而自觉为实现这些目标而努力。

2. 能级原则

能级原则指出，在经济管理中，组织结构及其成员的能力层级必须相互匹配和协调，以提高管理效率并达成组织目标。这一原则要求经济管理分层次实施，具备稳定的组织架构；权力、责任和利益应与能力层级相一致；同时，各级别之间的关系也应保持动态平衡。满足这些条件后，才能科学组合不同责任、能力和专长的人才，形成最大的协同效应。

3. 行为原则

行为原则是指经济管理者通过科学分析组织成员的行为模式，探索最有效的管理方法和措施，旨在最大限度激发员工的积极性，以实现组织的整体目标。根据这一原则，经济管理者不仅要研究人类行为的共性与普遍规律，以便总结出适用于全体成员的行为准则，同时也必须关注个人行为的独特性和差异性，从而实施个性化的管理策略，确保管理活动的实际效果。

三、现代企业经济管理的基本职能

（一）经济管理的计划职能

计划职能是管理职能的基础，其核心任务是设定组织的任务与目标，并制定达成这些目标的具体行动方案。计划工作的关键在于决策，通过明智抉择为未来行动指明方向。

在现代管理实践中，计划职能优先于其他所有管理活动，是组织生存与发展的关键要素，这对企业尤为重要。良好的企业管理离不开周密计划，企业不仅要有明确目标与实施方案，还需确保计划能有序执行，将计划作为集体行动的标准和依据。

1. 计划及其特性

对计划概念可从静态和动态两个视角理解：从静态看，计划表现为以文字、指标等形式记录的管理文件，详细规划组织及其内部各部门和成员在未来特定时段的行动方向、内容与方式。从动态角度，计划是为达成决策设定目标而提前进行的行动安排过程。计划工作具有以下四个主要特点。

（1）目的性。任何组织的存续都依赖成员有意识地合作以实现共同目标。计划工作旨在有效协调各方努力，实现预定目的。具体而言，计划工作首先要明确目标；随后，组织围绕目标开展行动，同时预测哪些举措有助于目标实现，哪些可能产生不利影响，以此引导未来行动更精准地朝向目标。

（2）主导性。计划工作的主导性体现在两方面，一是在管理过程中，组织、领导和控制等其他职能活动，需在计划设定清晰目标后才能有效开展，二是通过制定计划，管理者能更好理解所需组织架构、人员配置、领导方式及监控手段，为实现目标奠定坚实基础。

（3）普遍性。尽管各级管理人员职责范围和权限不同，但计划工作贯穿于所有层级管理工作，即各级管理者都需进行计划工作。

2. 计划的表现形式

计划有多种表现形式，常见的包括使命、目标、战略或策略、政策、程序、规则、规划以及预算等。

（1）使命，清晰界定某一组织机构在社会中的角色与定位。例如，工商企业的使命是生产和提供商品或服务，大学的使命则是培养专业人才等。

（2）目标，具体设定组织及其各部门在特定时间段内需达成的任务。它不仅是计划工作的最终指向，也是指导组织架构设计、人员配置及监控活动成效的关键标准。

（3）战略或策略，明确组织为实现设定目标所选择的主要行动方向。这些战略决策为有效部署和利用人力、物力和财力资源提供根本性指导原则。

（4）政策，指决策与处理问题时，用于指导和协调思想的方针及通用规定，它界定组织活动方向与界限，明确鼓励与限制内容，确保行动与目标一致。

（5）程序，即办事流程，规定行动的时间顺序以及处理常规问题的方法和步骤。

（6）规则，针对特定场合与情况，对允许或禁止的特定行为作出规定。

（7）规划，指综合性计划，旨在实现既定目标，整合政策、程序、规则、任务分配、执行流程、资源使用等要素。

（8）预算，即量化的财务规划，也是一种关键控制工具。

3. 计划工作的程序

制定一项计划通常涵盖四大核心环节：深入分析环境与预测未来趋势；设计并筛选实现既定目标的最佳行动方案；对选定方案进行具体细化；执行落实计划。详细来讲，整个计划工作可细化为以下七个步骤。

（1）估量机会。制定工作计划前，需评估机会，识别组织可能面临的各种机遇，这包括综合考量内外部环境，并评估组织把握这些机遇的可能性。

（2）明确计划工作的目标。企业在特定时间段内期望达成的具体成效，构成计划工作的目标。这一目标不仅明确未来工作方向、重点和难点，还规定为完成任务设定的政策指导、操作流程、资源预算以及整体规划等内容。企业后续一切活动都应以该目标为基准展开。

（3）明确计划的前提条件。制定计划时，需对一些关键条件作出假设，这些条件是能直接且显著影响计划执行的因素，主要由企业内外环境变化和不确定性决定。

（4）设计备选方案。每个计划通常有多个备选方案。企业通过深入分析与对比，先初步筛选出几个较满意的选项，然后进一步评估它们各自的优缺点，以确定最优方案。

（5）确定最优方案。对初步筛选出的方案进行评估时，需详细分析每个方案的优缺点，并将其与计划具体目标及预设环境条件进行对比。通过综合评价这些初选方案，最终选出最优方案。由于不确定因素影响和各种条件限制，这种评价工作往往复杂且具挑战性。确定最优方案过程中，特别要重点考虑方案执行的可行性和预期效果。

（6）制定派生计划和预算。基本计划确定后，通过细化实施细节，会衍生出派生计划和预算，它们的实施情况直接决定基本计划的执行效果。

（7）实施计划。企业管理者执行计划时，需实时监控和有效管理，确保计划在预定时间内顺利达成预期目标。

4. 计划工作的作用

尽管各种计划在形式和规模上有所不同，但作用大致相同，具体如下。

（1）指引方向。面对未来不确定性和环境变化，保持行动正确导向至关重要。计划作为前瞻性筹备工具，确保所有活动都朝着同一目标前进，有效推动组织目标实现。

（2）追求经济效益。虽有多种途径达成目标，但选择最优路径以最小成本获预期成果是关键。计划强调合理配置和节约利用资源，通过经济和技术可行性分析优化重大决策，力求投入成本最为合理，避免不必要浪费。

（3）识别机遇与风。虽无法完全消除未来不确定性，但可通过规划尽量减少其影响。计划工作不仅有助于及时捕捉潜在机遇，还能提前预见可能风险，为组织预留应对时间，做到未雨绸缪。

（4）统一工作标准。为使组织内各部门协同一致向共同目标努力，需借助计划进行协调和统一。

5. 计划编制的方法

科学合理的计划编制能显著提高计划工作效率。与过去相比，现代企业面

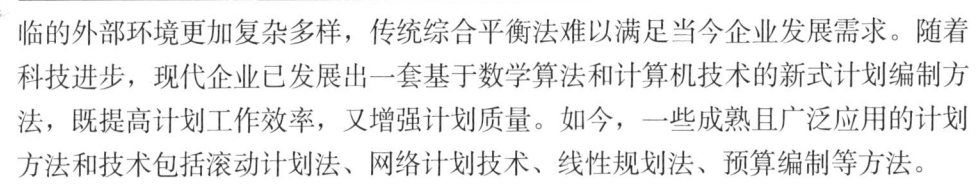

临的外部环境更加复杂多样,传统综合平衡法难以满足当今企业发展需求。随着科技进步,现代企业已发展出一套基于数学算法和计算机技术的新式计划编制方法,既提高计划工作效率,又增强计划质量。如今,一些成熟且广泛应用的计划方法和技术包括滚动计划法、网络计划技术、线性规划法、预算编制等方法。

(1) 滚动计划法。滚动计划法是一种动态计划编制方法,与传统完成一个计划周期后再重新编制下一个周期计划的静态分析法不同。滚动计划法将计划时间表向前推进一个周期,并在此基础上对现有计划进行调整或重新编制。这种方法强调对近期计划详细规划,对远期计划则概括性安排,以便未来条件变化时能灵活调整。

(2) 网络计划技术。网络计划技术也叫计划评审技术或关键路线法,在中国通常称统筹法。这是基于网络理论制定和评估计划的技术手段。其核心原理是用网络图展示计划任务时间进度安排,同时清晰反映构成整个计划的各项活动或工序间的相互依赖关系。

网络计划技术操作流程包括以下步骤:①绘制网络图,该图由活动、节点(事项)和路径(路线)三部分构成。网络图绘制需遵循特定规则,如箭头指示方向、避免形成回路、确保有明确起点和终点节点、每两个节点之间仅有一条线连接,且节点编号应从起始节点向终止节点递增。②进行网络分析,通过计算各活动时间参数确定关键路径及关键工序。

在网络图中,关键路径是由总时差最小的关键工序串联而成的路径。这里的时差,指某项任务最迟可完成时间与最早能完成时间的差异。利用这些时差信息,可对网络计划进行持续优化,寻求工期、资源使用和成本间的最佳平衡方案。网络计划技术尤其适用于单件或小批量生产类型企业,对一次性生产和工程项目尤为适用。该技术优势在于可缩短项目周期、减少成本开支,提升整体经济效益。

(3) 线性规划法。为提升组织效益,编制计划时需解决两大问题:①任务既定时,如何以最少资源完成;②资源有限时,如何合理分配与使用,以完成尽可能多的任务。

(4) 预算编制法。预算,简言之,是通过数字形式规划的组织计划,这些数字可以是财务性质的,也可以是非财务性质的,共同描绘组织行动的预期成效。预算有两大核心作用:①它能将组织各项工作的预期成果转化为具体数字指标,为各项任务设定清晰目标,这些目标对实现组织整体战略至关重要;②预算确立的具体目标又成为衡量工作成效的标尺,因此,预算也是一种极为有效的控制工具。

常见的预算编制方法包括固定预算、弹性预算、零基预算和滚动预算等。

第一，固定预算。固定预算法是依据预算期内预期的固定业务量水平来编制预算的方法，也被称作静态预算。它将未来某一时期的计划以具体数字形式呈现，一旦确定，除非遭遇重大变故，否则预算数字通常不会大幅调整。固定预算法具有简便直观的特点，易于理解与操作，但其显著缺点是缺乏灵活性，难以适应环境变化。

采用固定预算法的优势在于编制过程简便直接，易于实施和理解。然而，其局限性也十分突出：由于过于僵化，适应性和可比性欠佳，当实际业务量与预算假设出现显著偏差时，该方法无法灵活应对，进而影响对预算执行情况的有效控制、考核与评估。

固定预算法最适用于运营环境和销售水平相对稳定的企业或部门，或者是能够有效控制和影响销售量的单位。在此类情况下，销售量变化较小，或者预算单位有能力管理和调节销售量差异，所以采用固定预算法是合理且科学的选择。

第二，弹性预算。弹性预算法与固定预算法相对，它是在设定特定业务量水平的基准预算基础上，结合成本性态分析，依据业务量、成本和利润之间的关联，针对预算期内可能达到的不同业务水平来编制预算的方法。

弹性预算是一种能够随环境变化而调整的预算方式。该方法允许预算中的各项数值随销售额或产量的变动而相应调整。当外界条件致使销售额或产量发生变化时，企业能够迅速借助弹性预算做出适当调整。相较于固定预算，弹性预算具有更广泛的适应性和更持久的适用性。由于实际发生的金额通常处于预期的弹性预算范围内，因此它能够更精准地控制生产经营活动，同时避免了因频繁重新编制预算带来的不便，充分发挥了预算的动态调控作用。

弹性预算法适用于各种随业务量波动的成本支出和预算对比，能够准确反映不同业务量水平下的合理费用或利润情况。这种方法避免了因实际情况变化而频繁修改预算的需求，简化了预算管理流程。此外，它便于对预算执行情况进行分析、评价与考核，为业绩评估提供了更为客观合理的依据，有助于管理层更清晰地了解预算完成情况，从而有效控制成本、改善绩效。

对于运营环境和销售水平波动较大，或者难以控制销售量的企业或部门而言，弹性预算法尤为适用。在这类单位中，销售量变化通常较大且难以预测，所以采用弹性预算法能够科学合理地应对这些不确定性，确保预算既能适应实际业务的变化，又能保持灵活性和准确性。

第三，零基预算。零基预算，即"以零为基础编制计划和预算的方法"。在编制预算时，它不参照以往基数，而是从零开始，完全依据实际需求和项目具体要求制定预算。该方法摒弃了对过去预算水平的依赖，不受现行预算框架限制，确保每个项目的预算都基于当前实际需要进行评估和规划。由于零基预算不考虑历史数据中的既定事实或潜在不合理因素，能够更贴合实际情况，合理有效地提升资源利用效率。这种预算方式在提高各部门成本效益意识、优化资金分配以及增强预算管理的科学性和精准度方面优势显著。

第四，滚动预算。滚动预算是一种随着时间推移和预算执行情况，不断更新未来预算的连续性预算方法。它通过适时调整预算内容，确保预算期始终维持在一个固定时段，并逐步向前延伸，从而将短期预算与长期预算有机结合。该方法的特点是近期预算与远期预算紧密衔接，确保各阶段预算相互关联，同时使长期预算能够有效指导短期预算的制定与执行。

（二）经济管理的组织职能

一旦计划工作明确了组织的目标及达成目标的策略，管理者接下来的任务便是将组织所掌握的各类资源，以最能促进目标达成的方式进行整合与配置。

1. 组织的特征

"组织"一词，在词源上蕴含和谐与协调之意。在管理学范畴，它具有静态与动态双重维度。从静态层面看，组织指组织结构，是一个由人组成、拥有明确目标及系统性架构的实体；从动态层面而言，组织代表管理的组织职能，这一过程涉及维持与调整组织结构，以实现组织目标。一个实体若被视为组织，需具备以下四大共性特征。

（1）组织是人为构建的系统。这里的"人为"系统，是以人员为主体构成、具备特定功能的整体结构。

（2）组织必须确立特定目标。目标是组织存在的根基，无论目标清晰与否，都是组织成立的根本缘由。组织目标不仅体现组织的本质特征，也反映其存在的重要性和价值。

（3）组织依赖分工与合作。组织的核心在于成员间的协作，人们通过共同合作完成特定任务，进而形成组织。分工与合作是组织运作的基础，也是实现目标的关键。

（4）组织需要建立多层次权责体系。明确的权利与责任分配确保组织内部不同管理层级有机联系。这种权责关系基于分工与协作形成，不仅保障合理分工和有效合作，也是实现企业目标的重要支撑。

2. 组织的类型

组织可依据多种标准分类，常见的一种方式是根据是否满足心理和社会需求，将组织分为正式组织和非正式组织。

（1）正式组织。正式组织是为实现组织目标而设立，明确规定成员之间职责和关系的体系。在这样的组织中，成员基于形式上的合作关系共同工作，其行动均以完成组织目标为出发点和最终目的。正式组织的特点包括拥有正式且稳定的结构、清晰的职责分配以及明确的协作机制。

（2）非正式组织。非正式组织是在日常工作中自然形成、基于共同情感和社会互动的群体。这类组织通常没有明确的共同目标或正式结构框架，但成员间共享相似利益、观点、习惯或行为准则。

无论何处，正式组织中都会自然形成非正式组织。正式组织基于既定目标建立，注重效率和任务完成；非正式组织则源于成员间的共同价值观和兴趣，更强调情感联系和个人关系。尽管两者差异显著，但也紧密关联，彼此互为基础、相互依存。

3.组织的结构

在现代组织的复杂生态中，组织结构犹如建筑蓝图，起着举足轻重的作用。若缺乏精心设计的组织结构，内部将陷入分工不明、权责混乱的困境，协作机制无法建立，效率保障无从谈起，组织内在潜力将被深深埋没。而且，外部环境时刻处于动态变化中，组织若不能敏锐感知并及时调整、创新与优化自身结构，管理效能和组织效率必将受到严重制约，阻碍组织发展步伐。由此可见，构建合理高效的组织结构，已成为现代组织谋求发展的当务之急。

（1）组织结构。组织结构并非简单的部门罗列，而是为达成组织目标精心搭建的稳固框架。它如同精密仪器，对人员调配、工作分配、技术运用以及信息流通进行系统性、制度性安排。而组织设计，就是这一结构从无到有、从旧到新的创建、调适与升华过程。

组织设计的核心使命，是勾勒出清晰明了的组织架构图。在这张蓝图中，每个部门的职能都被精准定位，权限范围也被明确界定，尤其是职能职权、参谋职权与直线职权的活动边界，都需划分清楚。这一过程具体涵盖以下关键环节：

（2）精心编制职务说明书。深入细致地剖析每个职位，将职责范围、权限大小以及所需任职资格，以文字形式精准呈现。这份说明书，就像为员工量身定制的工作指南，让其清晰知晓工作方向与职责。

（3）精准绘制组织结构系统图。以直观图形方式，将组织内部各部门关系清晰展现，如同城市交通图，让信息能沿既定轨道顺畅流通，部门间职责划分一目了然。

通过以上一系列有效举措，组织内部各项工作得以有条不紊开展，整体运营效率大幅提升，管理水平迈向新台阶，为组织在激烈市场竞争中持续前行奠定坚实基础。

组织结构系统图展示各管理职位或部门在组织内的位置及其相互关系，而职务说明书则应简洁明了地描述该职位的工作内容、职责与权限，以及与其他部门和职位的关系。此外，职务说明书还应明确规定担任该职位所需的个人素质、技术知识、工作经验及解决问题的能力等要求。

（4）影响组织设计的因素。企业在合理组织管理者活动时，会涉及组织设计过程。企业的各项活动通常在其发展战略指导下，借助特定技术，在特定环境中开展。因此，进行组织设计时，必须综合考量多种因素，如外部环境、技术水平、企业发展战略以及企业规模等。

（5）组织设计的原则。组织的外部环境、技术应用、发展战略和规模等因素会影响内部职务划分、部门设置以及部门间相互关系，但这些因素并不能完全决定组织设计。进行组织设计时，还需遵循以下基本原则。

①目标任务原则。组织设计的核心目的是确保战略和经营任务顺利完成。因此，构建内部结构时，必须围绕这一核心目标。每个部门和职位都应被赋予明确工作内容和具体目标，这些具体活动和小目标共同支撑并服务于组织整体战略和经营目标。

②责任、权利、利益相结合。在健康的组织架构中，责任、权利与利益三者相互依存、相互制约，存在动态平衡关系。为确保这种平衡，组织需精心调配三者，使其协调一致。通常，职责界定相应权力范围，权力行使受职责限制。当组织为达成目标授予管理者一定权限时，有高度责任感的管理者会基于得失慎重考虑运用权限。同时，管理者愿意承担的责任量与其所获利益紧密相关。一旦权力、责任和收益三者失衡或不匹配，就会干扰组织内部运作效率，妨碍组织目标实现。所以，设计组织结构特别是高层管理框架时，应始终遵循责任、权力和利益有机结合原则。

③分工协作原则及精干高效原则。实现组织任务目标，企业内部专业化分工和团队协作必不可少。鉴于现代组织管理工作复杂性和专业性日益增强，通过设立不同职能部门分担工作量，可显著提升管理效率。基于合理分工模式，为确保各专业领域管理工作顺畅运行，共同推动组织整体目标达成，各部门间的合作与协调尤为重要。然而，随着分工细化，不仅会增加组织架构中的部门数量和人员规模，还会导致管理层面横向扩展，加重协调工作负担和难度。因此，构建组织结构时，必须兼顾分工与协作，同时追求精干高效。

④管理幅度原则。组织中能严格按照管理者指示行动的成员数目定义了管理幅度。一名管理者直接监管的员工数量受多种因素影响，包括管理者的教育背景、个人技能和健康状况等。此外，管理效率和管理层级结构也对管理幅度有显著影响。研究表明，分析组织内部各级别关系时发现，当管理者直接管辖的员工人数按算术比例增加时，他们之间需处理的关系复杂度会以几何级数增长。进一步而言，较小的管理幅度通常伴随着较高的管理层级。这意味着企业规划管理层次时，必须充分重视管理幅度的有效性。

⑤权力制衡与统一领导。组织架构设计应遵循单一领导和权力制衡原则,确保每位员工仅有一位直接上级,实现统一指挥。当领导者行为偏离组织既定规则,对组织产生不利影响时,应依据法律和内部规定采取措施纠正。构建企业架构时,妥善处理以下几方面关系至关重要:一是职能经理与直线经理之间的权限界定。由于两者职责可能存在交集,可能导致员工不清楚直接汇报对象,甚至出现无人管理的真空状态。引入首长负责制可以有效避免此类问题,明确每个岗位的最终决策者;二是对于同一级别的管理者,需区分主要负责人(正职)和支持角色(副职),正职拥有更高决策权,并作为副职的指导者。这种设置有助于建立清晰指挥链,确保指令传递的一致性和效率;三是组织应按层级结构分级管理,每一级都有明确领导责任人。为保证各级别领导的有效性,维护其权威,避免混乱,不应允许越级指挥。同时,必须加强权力制衡机制,特别是针对高层管理人员,确保其行为符合组织利益。对于没有直接上级监督的最高管理层,应通过设立如董事会或股东大会这样的专门机构实施监督,维持权力的平衡和制约。

⑥分权与集权结合。企业架构规划中,对于权威的运用,既不能过度集中在少数人手中,也不能分散到影响效率的程度,关键在于找到恰当平衡。为达成社会生产总体目标,一定程度的集权是必要的,它有助于确保组织指导的一致性,使生产要素得到科学安排与高效利用。然而,激发基层员工积极性则需要合理分权。适度下放权力,能更贴近实际运营状况,为决策层提供宝贵信息反馈,同时减轻高层管理者工作负担,使其专注于战略性问题。因此,集权与分权是相对关系,寻求两者最佳结合点,有利于各自功能最大化发挥。

(6)组织结构的形式。从传统管理模式演进至现代管理模式,企业组织架构呈现多样化形态。了解这些不同模式的特性,有助于企业在选择适合自身的组织结构时做出更明智的决策,进而构建符合自身特色和需求的组织架构体系。

第一,直线制结构。在组织发展的初级阶段,常采用这种较为简单的架构模式。直线制的特点在于不设立专门的管理职能部门,而是依靠从高层到基层的垂直权力线进行管理与指挥。这种组织形式具有结构简洁、责任明晰、指令单一且高效运作等优势。

第二,职能制组织结构。与直线制不同,职能制强调依据专业领域划分,设置不同的管理职能部门。每个部门在其特定专业范围内,拥有向下级发布指令的权力。在这种架构下,各级单位不仅要遵循上级指示,还需接受多个职能部门的指导与命令。

第三,事业部制。事业部制,又称"M"型组织结构,是一种分权管理模式。在此结构中,企业按照产品线、地理区域或目标市场设立多个事业部。每个事业部在总公司指导下相对独立运作,负责从产品设计到销售的全流程,并实行独立

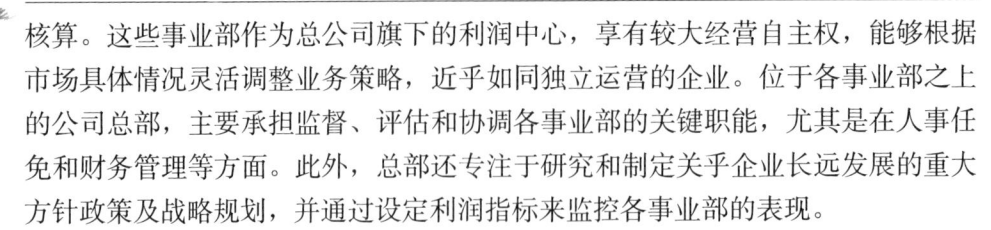

核算。这些事业部作为总公司旗下的利润中心，享有较大经营自主权，能够根据市场具体情况灵活调整业务策略，近乎如同独立运营的企业。位于各事业部之上的公司总部，主要承担监督、评估和协调各事业部的关键职能，尤其是在人事任免和财务管理等方面。此外，总部还专注于研究和制定关乎企业长远发展的重大方针政策及战略规划，并通过设定利润指标来监控各事业部的表现。

4. 人员的配备

组织设计为系统搭建了基础框架，但该框架要切实发挥作用，关键在于人的操作。即便建立了合理的组织架构和机构设置，若没有合适人才填充各个岗位，这一框架也无法有效运转。因此，完成组织结构设计后，至关重要的是选拔合适人才担当各岗位工作，确保他们能够有效激活并利用这一框架，充分展现其功能。

（1）人员配备的任务。人员配备的核心在于为每个岗位寻找到最适配的人选，这一过程可从组织需求和个人发展两个维度进行考量。

从组织发展角度看，一个设计合理的组织体系不仅需要高效运行，还需持续进步。通过精心的人员配备，确保每个职位都有合适人才担任，这既能保障系统正常运作，增强员工对组织的归属感和忠诚度，又能为组织长远发展培育潜在领导力量。

从成员个人角度出发，留人不仅是保留其物理存在，更重要的是赢得其心。有效的人员配备需做到两点：一是确保每个人的专业知识和技能得到公正认可、评价，并在工作中充分应用；二是提供机会促进个人能力成长与素质提升。公正的评价机制能激发员工工作热情和主动性，而持续的知识更新和技能提高不仅满足员工更高层次心理需求，也是通往职业晋升的重要途径。

（2）人员配备工作的程序。为实现合理的人员配备，通常需完成以下关键步骤。

①评估人员需求。人员配备基于组织架构设计实施，因此确定所需人员的数量和类型至关重要。这一步骤主要依据已设计好的职位数量及种类。职位性质决定所需人才类型，每个职位的具体数量明确各类人才的需求量。

②配备合适的人才。通过职务设计与分析，可明确组织内部各个岗位所需的人员素质要求。为确保所选人员满足这些职位的知识和技能需求，必须对内部和外部候选人进行严格筛选，做出最佳选择。

③规划并执行培训计划。个人能力发展是持续过程，当下对员工的培训将直接影响其未来工作表现。为满足组织发展对未来领导力量的需求，应即刻开始针对性培养相关人才。维持员工忠诚度的重要方法之一是让他们看到在组织内的职业发展前景。因此，特别是对于管理人员而言，培训工作是人员配备中不可或缺

的重要环节。

（3）人员配备的原则。为优化人员与岗位的匹配，人员配备过程中应遵循以下基本原则。

①经济效益原则。制定组织的人力资源配置方案时，必须以满足组织需求为出发点，将提升经济效益作为基本前提。这意味着既不应无端扩大员工队伍规模，也不应仅为安置就业而增加人手，而是要确保组织高效运转。当组织面临人力资源短缺时，优先考虑挖掘内部潜力，通过提高劳动生产率和合理调配现有资源来解决问题。

②任人唯贤理念。早在春秋战国时期，我国古代思想家和政治家就倡导"任人唯贤"理念。在现代组织招聘实践中，贯彻这一原则意味着选拔人才时，必须基于实际需要，秉持公正无私态度，实事求是地识别、培养和支持真正有才能的人才。

③因事择人原则。这意味着选拔员工时，应以现有职位空缺和实际工作任务需求为出发点，严格按照职位具体要求挑选和录用人才。人事任用的核心目标是实现人与岗位的最佳匹配。只有根据具体职位需要选择合适人才，才能确保组织结构精简高效，避免人员过剩或工作效率低下的情况。

④量才使用原则。这一原则强调根据个人能力和特长安排相应岗位。行为科学指出，个体间差异客观存在；一个人只有在其能力得以充分施展的岗位上，才能取得最佳工作表现。因此，管理者应深入了解每位员工的能力特点，尽可能将他们安排到最适合的工作岗位，让每个人充分发挥潜力，实现个人价值最大化。

⑤程序化、规范化原则。员工选聘需依据明确标准和规范化流程进行。确立科学合理的选拔标准是吸引和聘用优秀人才的关键保障。只有严格遵循既定程序和标准，才能确保选拔出真正愿意为组织发展贡献力量的人才。

随着经济全球化进程加速，国际交流与合作日益频繁，加之中国经济体制及结构持续改革，中国企业面临的市场环境愈发复杂多变，这无疑增加了企业管理和运营的挑战性。在此背景下，如何推动企业在经济和管理上的创新，成为每个企业必须应对的重要课题。

第二节　企业的经济目标与管理活动

一、企业的经济目标

（一）利润的最大化

企业运营的核心目标是实现经济效益，这需要通过实施目标成本管理来有效控制成本，并不断完善和强化管理制度。在经济活动中，企业业绩通常以利润最大化为重要评估与衡量标准，因此，将利润最大化设定为企业追求的目标是较为常见的做法。所谓利润最大化，是指企业通过优化生产、销售等经营活动，在特定时间段内使自身所获利润达到最大值。

利润体现了企业在特定时间段内的经营成果，即该时期内所有收入减去同期所有成本后的净额。它是衡量企业经济效益的关键标志，反映了企业在一定期间内的财务状况和运营效率。企业不仅要关注获取一定利润，更应全力实现利润最大化。自19世纪以来，以利润最大化为目标的理念逐步形成，在市场经济体制下，被越来越多的企业所采用，充分证明了其合理性。利润不仅象征着企业新增财富，也是增强投资者回报、支付员工薪酬、增加企业积累以及扩大再生产规模的重要基础。将利润最大化作为企业核心目标，能够推动企业强化经济核算，优化管理流程，促进技术创新，提高劳动生产率，有效降低产品成本。这些举措有利于企业合理配置资源，提升整体经济效益。

（二）资本利润的最大化

资本利润最大化是指企业通过高效组织生产和销售等经营活动，最大程度提升企业的资本利润率或增加每股所获利润。这一概念主要反映了资本的投资回报水平。具体而言，资本利润率通过计算税后净利润与总资本的比例来衡量，而每股盈余则是净利润除以普通股的数量。这两个关键指标将企业实际盈利与投入的资本成本进行对比，不仅能够评估企业盈利能力，还可用于比较不同资本规模企业之间的盈利表现，或同一企业在不同时期的盈利变化情况。这种比较有助于揭示各企业在盈利水平上的差异，为盈利表现欠佳的企业提供宝贵的管理改进建议和信息支持。

（三）股东财富的最大化

股东财富最大化是指企业通过高效组织生产和销售等经营活动，致力于为股东创造更多价值。在股份制公司中，股东财富最大化取决于两个关键因素：公司发行的普通股数量和股票的市场价格。当公司普通股数量保持不变时，股票市场价格直接决定股东财富水平。追求股东财富最大化具有以下优势。

1. 考虑资金时间价值

股票价格不仅反映企业当前盈利能力，还包含市场对企业未来盈利潜力的预期。只有那些预计经营状况良好、收益稳定的公司，其股价才可能持续上涨。这一目标有助于引导企业避免短视行为，注重长期发展和稳定增长。

2. 综合考量风险因素

股票价格与风险呈负相关关系，通常情况下，股价越高，表明投资者对该股的风险评估相对较高,意味着潜在不确定性或损失可能性更大,愿意支付的股价越低。因此,股票价格实际上是市场在权衡风险与收益后的社会预期表现。

在追求股东财富最大化的前提下,企业不仅要重视投资决策,还必须关注筹资策略和股利政策。在筹资方面,企业需注重有效利用负债的积极作用,维持健康的资本结构。在股利分配上,需平衡企业短期收益与长期发展目标,确保既能满足当前利益需求,又不损害未来成长潜力,从而增强企业市场竞争力。

(四)企业价值的最大化

现代企业本质上是多边契约关系的集合体,股东、债权人、员工乃至政府都承担着不同程度的风险。因此,企业目标不应仅关注某一特定利益集团需求,而应反映多个利益相关者之间的共同作用与妥协结果。强调单一集团利益不仅狭隘,还可能导致企业决策失衡。相比之下,以企业价值最大化为目标更为科学合理,它不仅追求企业长期稳定发展,还致力于持续增加企业总价值。

企业价值最大化意味着企业在组织生产和销售等活动时,充分考虑时间、价值以及风险和回报之间的平衡,在确保企业长期稳健发展的前提下,力求使企业整体价值达到最大。

二、企业的管理活动

(一)企业经营的管理

1. 企业经营的思想

企业经营思想是指在企业经营活动全过程中起指导作用的核心理念。这一思想体系由一系列观念或观点构成,反映企业对运营中各种关系的理解和态度。具体涵盖以下六个关键观念。

(1)市场观念。以市场需求为导向,持续开发契合市场的产品,不仅满足现有需求,更要引领和创造新需求。

(2)客户观念。客户是市场核心。要深入了解客户需求,树立"用户至上"理念,精准提供服务和产品。

(3)竞争观念。在市场经济中,企业既要勇于面对竞争,也要善于把握合作机会,避免盲目竞争,实现互利共赢。

(4)创新观念。创新能力是企业生命力所在。创新涵盖产品、服务、技术以及经营理念和方式的全面革新。

(5)资源开发观念。企业应充分利用资金、物资、人力、市场、技术和信息等各类资源,通过有效开发和合理配置,提升整体效益。

（6）效益观念。企业经营根本目的在于同时实现社会效益和经济效益，这也是企业主要任务。社会效益体现在通过产品或服务满足社会需求、提供就业机会以及树立正面价值典范；经济效益则指企业经营过程中所获利润。

2. 经营管理的基本职能

（1）决策职能。经营管理在很大程度上可视为决策过程，企业日常管理始终处于不断决策的状态。决策是指为达成特定目标，在充分调查和分析基础上，运用恰当的方法和技术，选择最优方案并付诸实施的过程。

（2）计划职能。计划工作是在调研和总结过往经验的基础上，对未来发展进行预测，并以合理、经济且系统化的方式确定企业发展目标。目标明确后，接下来需要将其具体化，制定长期与短期规划，同时确定实现这些计划的具体措施和方法。

（3）协调职能。协调职能的核心目的是消除企业经营管理流程中存在的各种不协调现象，增进各部门协作，确保整体运作和谐统一。协调职能可细分为对内与对外两大层面，以及水平和垂直两个维度。对内协调，侧重于促进企业内部各部门默契配合与协同作业；对外协调，则关注企业与外部环境，包括国家政策法规、市场环境以及其他相关单位之间的和谐共处。水平协调，指企业内部各部门间的平行沟通与合作；垂直协调，指从高层至基层，各层级之间的有序衔接与指令传达。

（4）开发职能。高效经营管理的关键在于巧妙发掘与利用各类资源。企业实施经营管理时，开发职能的重心聚焦于市场拓展、产品开发、技术创新以及人才培育等多个维度。

（5）财务职能。企业经营管理流程与财务活动紧密相连，财务活动涵盖资金筹集与有效运用。制定经营计划或做出管理决策时，都必须充分考虑财务因素的影响。正因如此，财务职能已成为现代管理者不可或缺的基本素养之一。

（6）公关职能。企业作为社会经济大体系的组成部分，是经济活动的基石。公关职能是确保企业与社会经济体系各组成部分保持和谐一致的关键。这一职能要求管理者围绕企业核心，主动采取积极协调策略，必要时做出适当妥协，促使各方利益团体基于各自立场，认可并助力企业的存续与发展。

（二）企业战略管理分析

广义上，企业战略涵盖企业意图、目标、战略及政策；狭义上，企业战略仅指企业达成宗旨与长期目标的基本途径和具体规划。

1. 企业战略的定位

确定战略定位时，必须综合考量多方面要素，包括外界环境、内部资源状况、企业自身能力水平，以及各利益相关者的期待和可能施加的影响。这些考量对构建指引企业前行的战略蓝图至关重要。企业运作于政治、经济、社会、文化及技术领域交织的复杂体系中，该体系持续演变，且每个组织面临的具体情境各异，部分组织需应对更为错综复杂的局面。管理层评估外部因素对组织冲击时，应同时回顾过去经验教训，关注当前环境对企业活动的作用，并预测未来环境可能出现或潜在的变化趋势。这些变化中，部分可能为组织提供发展契机，部分可能构成挑战，甚至有些情况机遇与风险并存。

企业战略能力源于其内部资源和具备的能力。如同外部环境因素能左右企业及其战略决策一样，企业内部条件同样深刻影响着这些能力和资源。特殊资源，如独特地理位置，可能为企业带来一定竞争优势；然而，真正赋予企业持久竞争优势的是由业务操作、专业知识与技能交织而成的核心能力。这种核心能力是企业竞争力关键所在，使其在市场上拥有不易被竞争对手复制的优势。

企业设定目标受多种因素影响，公司治理结构在其中扮演关键角色。公司治理结构需明确企业主要服务对象以及管理者应如何履行职责等关键问题。同时，不同利益相关方的期望会影响企业发展方向，并决定哪些战略路径可行。

在企业内部，哪种视角占据主导地位往往取决于哪个利益相关方拥有最大影响力。虽然资本通常话语权较大，但某些情况下，其他对企业存续与发展更为关键的因素可能超越资本影响力。认识到这一点很重要，有助于理解企业选择特定战略背后的逻辑。

企业文化在企业战略选择中不可或缺，因其能将外界环境和内部资源影响转化为隐含在企业价值观和假设中的指导原则。此外，企业文化不仅影响企业的战略走向，还涉及管理者对企业行为的道德判断以及企业存在的目的和使命，这些通常在企业目标声明中得以体现。

企业在追求未来愿景过程中，现有战略可能需进行不同程度调整—从细微修正到重大变革。这引出关键问题：如何评估组织所需战略变动的重要性，以及企业是否具备实施这些变革的能力。

综上所述，管理者若要深刻理解企业战略定位，必须综合考量企业文化、外界环境、战略能力、利益相关方期望以及企业目标等多方面因素。评估企业战略定位时，不仅要立足当下，更应展望未来，审视现行战略能否应对不断变化的外部环境，并满足关键利益相关者的期待。

2. 企业战略的决策

讨论组织原则时，无论小型企业还是大型企业，从结构简单的小公司到复杂度高的大企业，战略决策普遍可划分为三个主要层级：公司层、战略性业务单位层和运营层。制定战略决策前，明确不同层次战略特点及其相应重点至关重要。这有助于企业在选择最优方案时做出更精准判断，降低决策失误风险。

（1）企业战略决策的层次。企业组织结构通常可分为三个主要决策层级：公司层、运营层和战略性业务单元层。对于大型企业集团或跨国公司，公司层指集团总部，战略性业务单元层涵盖二级子公司或事业部，运营层指向基层操作单位。以可口可乐、微软、中国石油、中国石化等大型企业为例，其总部构成公司层，负责制定整体战略方向；地区分部或下属二级子公司属于战略性业务单元层，专注特定市场策略实施；最基层公司部门和操作团队构成运营层，负责日常工作执行。这三个层级在企业愿景、使命等方面需高度一致，并在同一战略管理框架内协同工作。

公司层和战略性业务单元层需严格遵循公司整体战略规划，运营层则依据总体规划制定并执行具体战术方案，确保公司战略有效实施并取得预期成果。管理者构建企业商业模式时，首要任务是确立公司层战略方向。公司层战略核心在于为企业量身定制独特商业模式，着眼企业长期发展路径，帮助企业在市场竞争中获取优势地位，这是整个企业设定目标和规划行动的基础。对于中小企业，初期可将战略决策集中于单一公司层，随着企业规模扩大和发展，再逐步过渡到包含公司层、战略性业务单元层和运营层的三层级战略管理体系。

（2）企业战略决策的特点。在企业战略管理中，战略决策扮演连接过去与未来的关键角色，对企业生存与发展影响深远。其重要性体现在以下方面。

首先，核心目标是赢得竞争优势，战略决策核心目标是在竞争中为企业赢得优势地位。根据不同条件，企业可通过多种竞争策略获取竞争优势，且这些优势可能体现在不同竞争领域。符合实际情况且有效的竞争定位是实现这一目标的基础和前提。

其次，确定企业经营活动范围，企业管理者需明确决定企业是专注专业化经营还是走向多元化发展。这一决策不仅划定企业"边界"，深刻影响管理者对企业现状及未来发展预期，还会波及产品线广度和市场地理覆盖范围等问题。企业资源分配和经营活动必须与所处运营环境相契合，这涉及关键的战略适应问题。战略适应核心在于识别经营环境中企业能利用的机会，合理配置资源和能力抓住这些机会，制定合适发展战略。为此，企业准确定位至关重要——明确企业当前状态（"我们处在什么位置？"）、未来方向（"我们希望到达哪里？"）以及实现路径（"我们应该如何前进？"）。

再次，兼顾战略"适应"和战略"延伸"。战略"适应"指企业根据环境变化或市场规则进行适当调整。例如，小型公司可能尝试改变市场"游戏规则"，最大限度发挥其资源和能力优势，这是许多网络公司进入成熟行业时采用的战略。大型跨国公司则更倾向于为具有增长潜力的业务制定长远发展策略。战略"延伸"指企业充分利用自身现有资源和能力，创造竞争优势或开拓新机遇。它强调市场出现新契机时，企业能凭借拥有资源从中获益，并识别和利用现有资源与能力创造新市场机会。战略规划和实施过程中，同时重视"适应"和"延伸"可使企业资源和能力更灵活高效，更有针对性地创造或抓住市场机会。

最后，重视战略评价与更新调整。①调整企业核心资源时，需考量现有资源与市场机遇匹配度，以及未来战略所需资源的可获取与可控性；②充分考量战略决策对运营决策的影响；③平衡控股股东及重要利益相关方（包括金融机构、员工、客户、供应商和当地社区等）的期望评价。

3. 企业战略的选择

公司层面主要考虑的战略问题包括战略定位、业务间关系及总部如何为业务增值。作为母公司，创造价值方式有三种：①促进业务单元间的协同效应；②调配资源（如财务资源）；③提供独特能力（如市场营销或品牌建设）。

在此过程中，应警惕一种不良现象，即公司层面价值不仅未得到体现，反而成为企业成本负担。同样，企业在业务单元层面也面临如何参与市场竞争的战略抉择。这要求企业基于对市场和客户的深入了解，识别自身竞争优势和独特能力。随着时间和环境变化，未来可能需采取不同战略方向。由于不同市场状况和特点存在差异，企业还需面对多种战略方法选择。选择合适战略方向和方法至关重要，决策者必须深思熟虑。

在制定战略过程中，潜在风险是管理者倾向于关注显而易见的行动方案，忽视看似常规但关系微妙、可能更有效的策略。实际上，最直观的方案并非总是最佳选择，这取决于与实际情况的契合度以及评估标准。评估战略适宜性的标准主要包括以下三个方面，一是战略适宜性，该战略能否解决企业定位问题，与企业长远目标相吻合；二是战略可行性，企业是否具备实施这一战略所需资源和能力，确保可付诸实践；三是利益相关方接受度，战略是否符合各方共同利益，得到充分理解和支持。

第三节　企业在经济发展中的作用

一、促进经济的发展

企业的广泛存在是经济发展的必然结果，在维持市场活力、保障经济平稳运行、确保充分就业以及稳定物价等方面发挥着不可或缺的作用。无论是发达国家还是发展中国家，企业都是推动经济增长的关键要素。加速企业发展，不仅有利于我国经济的长期稳定增长，更能为我国经济筑牢坚实基础。

作为国民经济的重要构成部分，企业在国民经济发展中占据举足轻重的地位。它们既是市场竞争机制的核心参与者，也是驱动经济发展的基本动力来源，体现了经济多元化和分散化的需求。众多分布于各个经济领域的企业，不仅对国民经济的整体发展起到补充和支撑作用，还推动了经济结构的优化与升级。

二、促进地方经济的发展

乡镇企业作为地方财政收入的重要来源，对推动农村经济发展起着关键作用。农村问题在我国经济发展进程中占据重要地位，促进农村和农业发展对我国意义深远。通过吸纳大量农村劳动力，乡镇企业实现了农户的集中和规模化生产，加速了农村城镇化进程，这对社会稳定具有积极影响。农村城镇化与工业化是任何现代化国家发展过程中必然经历的历史阶段。

三、扩大社会的就业机会

当前，各国普遍将就业列为宏观经济政策的核心目标之一。实现充分就业，不仅为经济发展营造有序环境，更是维持社会基本稳定的基石。企业作为创造就业机会的主要载体，对社会稳定至关重要。由于企业分布广泛、数量众多、经营灵活且竞争激烈，能够提供大量就业岗位。

就业问题一直是制约中国经济发展和社会稳定的关键因素。鉴于中国庞大的人口基数，妥善解决劳动力就业问题对国家长治久安具有根本性意义。因此，确保企业在国民经济中占据合理地位，有助于调整当前就业结构和产值结构的失衡状况，促进资源有效配置，充分利用我国丰富的人力资源，进而缓解就业压力。

中小企业在社会就业方面发挥着主要作用。随着大型企业的优化重组，大企业提供的新增就业岗位相对有限，而中小企业成为吸纳劳动力再就业的重要力量。推动中小企业健康发展，构建庞大的产业工人队伍，不仅能化解经济增长方式转变与扩大就业之间的矛盾，还能促进整个社会在政治、经济和文化等领域的全面发展。

四、推动科技的创新

企业是科技创新的关键源头，是国家科技进步的重要依托，在将科技成果快速转化为生产力方面发挥着重要作用。当前，我国企业正呈现从传统劳动密集型向知识和技术密集型转变的趋势。由于企业经济活动灵活高效，能够迅速将科学技术转化为实际生产力。尤其是我国的高新技术企业，在科技创新方面意识强、行动快、成效显著，堪称科技创新的中坚力量。

改革开放以来的经验表明，中小企业的发展速度与地区市场活跃度紧密相关。中小企业发展越快的地区，市场往往越活跃。这主要是因为中小企业在创新过程中扮演着重要角色。充分发挥中小企业灵活性高的特点，能够更有效地激活市场，达到事半功倍的效果。中小企业在经济改革中充当了"试验田"的角色，其改革成本低、操作简便、见效快且对社会影响小。诸如兼并、租赁、承包、拍卖等企业改革举措，通常先在中小企业试行并取得成功后，再逐步推广至大型企业。因此，重视中小企业的科技创新对推动整体经济发展至关重要。

第五章　营销视角下企业经济管理的创新发展

第一节　营销的核心概念及其重要性

一、市场营销的相关概念

第一，需要、欲望、需求。市场需求本质上反映了人们在身心方面未被满足的感受，当这些感受未得到解决时，便形成需要。欲望体现了人们渴望获得某些事物以满足自身需要的愿望。而需求是指既有愿望，且消费者具备足够支付能力来实现的愿望。对于企业而言，准确把握市场动态，必须高度重视并深入研究人们的需求。只有深入了解消费者实际需求，企业才能更精准地定位市场，制定有效的策略。

第二，产品。产品作为满足人们需要和欲望的载体，无论是有形的、无形的、物质的还是精神层面的，产品的形式和其他特性虽各不相同，但关键在于能否有效满足用户的需求和愿望。

第三，效用、费用和满足。人们选择产品时，除考虑产品是否符合自身需求外，还会评估产品的效用及其价值。效用是一个主观概念，反映产品在多大程度上能够满足个人的需求和期望。相比之下，价值的概念更为复杂。

第四，交换、交易和关系。营销活动通常因人们对某种商品产生需求，并决定通过市场交换来满足这一需求而启动。市场交换得以进行的前提条件如下：一是至少有两个参与者，即买卖双方；二是交换的对象—产品或服务，必须被双方认为具有价值；三是双方都拥有自由选择权，能够自主决定是否接受对方的产品；四是双方必须具备将物品传递给对方的能力，且能够有效地沟通和交流信息；五是双方需达成一致意见，确认对方提供的产品值得交换。尽管上述五个条件是市场交换发生的必要前提，但即便这些条件都满足，也不能确保交换一定成功。最终，交换能否实现取决于双方对交换条款及产品价值的认可程度。只有当双方都认为通过交换能获得更大的满足感或利益时,交易才会真正发生。每一次成功交换的基本单位就是一次交易。交换不等同于交易,虽然它包含交易过程,但其内涵更为广泛。交换实质上是建立关系的过程,在此过程中,市场推销员致力于与顾客、供应商等各方构建联系。这种关系并非一蹴而就,而是通过时间逐渐培养起来的,旨在形成长期、互利且基于信任的合作关系。通过持续的关系建设开展营销活动,最终可以编织出一个复杂的营销网络。这个网络不仅涵盖员工、顾客、零售商和供应商,还包括所有与企业有互动的参与者。营销网络越完善,企业在市场竞争中的优势就越明显。

第五,市场营销与市场营销者。市场营销者是交换过程中更为积极主动的一方,他们更注重寻求交换机会。

二、市场营销的重要性

市场营销是企业实施的具有明确目的性的活动。其营销对象广泛,服务、市场所需产品、个体、思想及观念等,均可成为市场营销的焦点。

市场营销的精髓在于一系列有序步骤:深入剖析市场环境;基于分析结果选定目标市场;着手产品开发与定位,并提供多样化服务。

市场营销的核心在于交换。为实现企业既定目标,市场营销活动必须高度重视消费者需求。只有企业充分满足消费者需求,才能顺利达成自身目标。

第二节 市场营销计划与营销策略

一、市场营销计划分析

(一)市场营销计划及内容

1. 制定市场营销计划

现代营销管理要求企业既要规划长远战略,明确发展方向和目标,又要制定具体市场营销计划,落实战略目标。因此,企业需依靠战略计划和市场营销计划两大系统。

市场营销计划是针对每项业务、产品线或品牌的具体营销方案。战略计划为各战略业务单位指明目标与方向,各业务单位还需据此制定详细营销计划。例如,若战略计划认定某品牌有增长潜力,需发展该品牌,则需制定具体营销计划以实现战略目标。

市场营销计划分为长期计划和年度计划。长期计划(五年规划)概述五年内影响品牌的主要因素、五年目标、市场占有率、销售增长率等战略目标和投资计划。年度计划则依据长期计划逐年制定，着重分析当前营销环境、机遇与挑战，明确年度市场营销战略、项目、预算等。

2. 市场营销计划的内容

市场营销计划的具体内容包括以下方面。

（1）计划概要。简要概述市场营销计划的目标与内容，具体细节将在后续部分详述。

（2）当前市场形势。涵盖市场、产品、竞争、分销及宏观环境等方面的背景数据。

（3）机会与问题剖析。分析产品的主要机遇、威胁、优势、劣势及产品线问题。

（4）目标设定。营销计划的最终目的是实现营销目标，分为明确的量化财务目标和营销目标。

（5）营销战略与策略。营销战略与策略的制定是实现计划目标的主要手段，并非仅由营销计划制订者单独完成，而是需要组织内多个部门和领域的人员共同参与，包括采购、制造、销售、广告、财务等人员。若等到产品下线才开始考虑营销策略，可能给企业带来严重后果，如产品不符合市场需求或出现市场定位偏差等问题。通常情况下，营销战略在营销计划中会通过以下方面进行描述：目标市场的选择、产品的定位、产品线的设计、定价策略、分销渠道的选择、销售团队的构建、广告策略、促销活动、产品研发方向以及市场调研等内容。

（6）行动方案。行动方案为实现营销目标，营销战略提供总体思路与措施，而行动方案则是具体执行这些思路与措施的手段，确保战略与目标得以落实。

（7）促销方案。促销方案分为面向经销商和消费者的两部分。

（二）市场营销控制的原则

市场营销控制的原则以适度为核心，旨在协调组织在营销活动中的目标、规模和资源配置，充分发挥现有资源的潜力，同时将营销风险控制在可接受范围内，从而确保组织能够稳定且持续地发展。

1. 目标匹配原则

营销规模必须与营销目标紧密结合。在特定营销目标下，若营销规模过小，难以实现组织设定的目标；反之，若营销规模过大，则可能导致资源浪费，甚至引发经营混乱，损害组织的形象和运营效率。

2. 现金流动原则

现金流动原则强调，组织在规划当前营销活动时，应依据其现有的财务能力，而非以总财产状况作为决策基础。这一原则也是许多其他组织活动决策的重要依据。因为只有现金才是支持当前营销活动的实际经济基础，那些不易变现的资产无法为现阶段的营销活动提供可靠的资金保障。因此，即使一个组织总资产庞大，也不意味着它能够支撑大规模的营销活动；相反，若一个组织总资产不多，但拥有较多现金，则可以支持较大规模的营销活动。

3. 例外事件原则

明确例外情况有助于保持组织的灵活性，并能积极提升各级管理人员和营销人员的工作效率。例外事件原则指出，未来的营销环境具有不确定性，管理者无法完全准确地预测所有可能发生的状况。

在实际操作中，某些例外情况可在营销计划实施过程中被合理预见并纳入考量，且不会对组织完成任务的能力造成负面影响；然而，有些意外事件可能会显著改变营销活动的方向。为应对这种情况，在最初制定具体规划和设定标准时，应为未来可能出现的不可控例外预留一定的灵活空间。通过预先考虑营销活动可能出现的最佳和最差结果，组织可以将这些极端情况作为波动的上限和下限来准备。

此外，合理分配决策权也是应对例外事件的有效策略。对于那些影响力较小、不会显著影响组织目标的例外情况，基层管理人员可以自主处理；而当遇到超出基层管理人员控制范围的例外事件时，则需向上级管理层汇报，由更高层级的管理人员来进行决策和处理。这种方法适用于所有类型的例外事件，有助于提高各级管理人员的工作效率，并有效节省时间和精力。

4. 持续发展原则

为确保营销活动的持续发展，每个阶段都需要进行创新性的营销活动。这些活动虽相互关联，但各自保持独立性。从整体角度来看，组织可以根据特定标准（例如销售额或利润额的百分比、竞争对等法等）来确定总的营销费用，并依据每年的营销活动计划，将预算合理分配给不同的营销项目。不同类型的组织对于营销活动连续性的需求各有差异，比如商业领域和日用消费品领域的经营者就需要频繁地开展各种营销活动以维持市场活力。

5. 标准合理原则

在设定市场营销控制标准时，必须确保其合理性，使营销人员能够通过自身努力实现目标。合理的标准不仅应具有挑战性，激发员工的潜力，还应避免让员工感到沮丧或缺乏动力。

二、市场营销策略分析

（一）产品的营销策略

1. 产品与产品组合的策略

在充满活力与机遇的市场舞台上，产品无疑是主角。从广义范畴来讲，产品是能够精准契合市场需求与欲望的所有事物，其表现形式丰富多样，远不止日常可见、可触摸的实体商品。服务，如贴心的旅游规划、专业的法律咨询，以无形方式为消费者解决问题、带来便利；体验，像沉浸式戏剧演出、刺激的户外探险活动，给予消费者独特情感感受；事件，诸如盛大体育赛事、热闹音乐节，在特定时间地点凝聚人群、创造价值；人物，公众人物凭借自身影响力，成为代言产品、传递理念的载体；地点，旅游胜地凭借独特风光与文化底蕴吸引游客、拉动消费；财产，如房产、车辆等，满足人们生活与投资需求；组织，各类企业、社团通过自身运营提供相应价值；信息，无论是财经资讯、学术研究成果，都能为特定人群所用；创意，新颖独特的点子，可能成为新产品、新商业模式的源头。

产品的整体概念，恰似一座层次分明的大厦，由五层构成。最核心的是核心利益，这是产品存在的根本意义，即消费者真正想要获得的基本服务或利益，比如购买手机，核心利益是便捷的通信与信息获取。而基于此的基础产品，是核心利益的有形载体，像具备通话、短信等基础功能的手机实体。期望产品则是消费者在购买产品时通常期望得到的一组属性和条件，例如手机外观设计美观、操作流畅。附加产品为产品增添额外价值，如手机购买后的优质售后服务、赠送的手机配件等。潜在产品隐藏在产品深处，代表着产品未来可能的演变与拓展方向，比如手机未来或许能实现更强大的人工智能交互功能。

产品组合是销售者为购买者精心准备的一份"产品套餐"，集合了销售者旗下所有的产品线和产品项目。为衡量产品组合的特性，有一系列标准。宽度，反映产品组合中所包含产品线的数量，例如一家企业既生产手机，又涉足电脑、家电等不同产品线，产品线越多，产品组合宽度越大。长度指产品组合中产品项目的总数，若某手机品牌有多个系列、不同型号的手机，这些手机数量总和就是该品牌在手机产品线的长度。深度聚焦于每条产品线内不同产品项目的具体变化程度，如某款手机有不同颜色、内存大小、存储容量等多种配置，配置选项越丰富，产品深度越大。相关度体现各条产品线在最终用途、生产条件、分销渠道等方面相互关联的紧密程度，若一家企业生产的电脑和打印机，在销售渠道、目标客户群体上有较高重合度，那么这两条产品线相关度就高。

产品组合的构成直接影响企业的销售业绩与盈利水平，因此，企业需对产品大类的销售额与利润进行深入评估，并据此决定是否剔除或加强某些产品项目或产品线。这一评估的核心在于分析当前产品大类下，各个产品项目所贡献的利润与销售额。在进行产品组合的优化与调整时，企业需根据具体情况，灵活选择以下策略。

（1）丰富产品系列。丰富产品系列既包括深化现有产品的多样性，也涵盖拓宽整个产品线的覆盖范围。深化是指在同一类产品中引入新的子项目；拓宽则是引入全新的类别到现有的产品系列中，以此扩大整体的产品覆盖面。

（2）精简产品线。在市场条件有利时，广泛且多样化的产品线能为企业带来更多收入增长点。然而，面对资源如能源和原材料供应受限或市场需求下滑的情况，适当地精简产品线，反而有助于提高企业的总体盈利能力。

（3）产品延伸。每个企业的产品在市场上都有其明确位置。通过实施产品延伸，企业可以对原有产品的定位进行不同程度的变更。这种策略可通过以下三种方式进行。①低端延伸：原本专注于高端产品制造的企业，决定扩大其产品线至低端市场领域；②高端延伸：对于最初定位在低端市场的企业而言，它们可能选择向上游发展，即开始涉足高端产品的生产；③双向延伸：当一家企业主要集中在中端产品的生产和销售时，在充分理解并掌握当前市场动态和优势后，它可能会采取一种更加激进的市场策略，同时向高端和低端两个方向扩展其产品线。

2. 产品生命周期的策略

"产品生命周期"描述的是一个产品从首次进入市场直至最终退出市场的整个演变过程。需注意区分，很多人易将产品的物理使用寿命误认为是其生命周期。实际上，真正定义产品生命周期的是它在市场上活跃的时间长度。

从市场营销的角度分析，一个典型的产品市场生命周期包含四个关键阶段：市场导入期、市场成长期、市场成熟期和市场衰退期。

（1）导入期的营销策略。在产品的导入期，即产品首次推向市场的阶段，此时销售增长相对缓慢，伴随着较高的研发和生产成本，以及有限的市场需求。这导致新产品在这个阶段往往只能勉强覆盖成本，甚至可能面临亏损，而非立即带来利润。

新产品刚进入市场时，销量不会迅速飙升，而是逐渐增加。企业可能因尚未完全优化生产能力、员工对新生产工艺不够熟悉等原因，导致成本较高，包括较高的次品率。此外，消费者对新产品也需要时间来了解和接受，不会立刻产生购买行为。因此，在这一阶段，企业的主要目标应是加速产品的市场渗透，尽快过渡到成长期。为实现这个目标，企业可采取以下一系列策略。

（2）快速撤取策略。企业在推广新产品时，可能选择采取高强度促销与高定价相结合的策略。这种做法一方面通过广泛的促销活动迅速提升产品的市场知名度，吸引消费者关注；另一方面，通过设定较高价格来确保企业能快速回收成本，并实现较为丰厚的利润。在实施高强度促销过程中，企业需综合利用多种营销手段，逐步加大促销力度。这不仅包括大规模的广告宣传活动，以广泛传播产品信息，还可采用一些特别的促销方式来激发消费者的兴趣和尝试欲望。例如，企业可通过赠送样品或是在现有产品中附赠新产品试用装的方式，鼓励消费者亲身体验新产品，从而促进购买决策。

（3）缓慢掠取策略。当企业推出新产品时，会选择以较少的促销活动配合较高的定价策略来追求利润最大化。这种方式通过减少促销支出来控制成本，并利用较高售价确保资金迅速回笼，进而实现高额利润。

（4）快速渗透策略。在推广新产品之际，若企业采取高强度的促销与较低价位的组合，则其目标是迅速扩大市场占有率。为此，企业会将新产品价格设定在一个相对亲民的水平，以便吸引更多消费者关注和接受。同时，广泛而深入的促销努力有助于传播产品信息，激发潜在买家的兴趣和购买意愿。

（5）缓慢渗透策略。对于新产品的市场导入，有的企业可能选择低价位且少做促销的方式，旨在快速获得市场的接纳并避免激烈的市场竞争。这种方法通过降低销售价格来吸引消费者，同时减少促销开销以降低成本，从而确保公司的盈利能力。

（6）成长阶段的营销策略。成长期是指新产品已被广泛接纳，进入消费者群体迅速扩大的阶段。在这个时期，销售量呈现快速增长趋势。随着销量增加，产品开始展示出规模经济效益，即单位成本因生产规模扩大而逐渐下降，从而推动销售利润稳步增长。经过市场的严格筛选和考验后，产品成功过渡到这个关键的发展阶段。在成长期内，最显著的特点就是销售量和利润呈上升增长。由于产品的设计和功能已趋于成熟，制造过程中的次品率和废品率大大降低，这进一步减少了成本。同时，销售渠道也变得更加顺畅和高效，这一切都有助于降低整体运营成本，提升产品的市场表现。因此，在这一阶段，产品的销售前景尤为乐观。

在成长阶段末期，由于产品利润空间可观，吸引越来越多竞争者加入市场，导致竞争异常激烈。面对这种情况，企业在此阶段的营销策略应聚焦于强化产品的独特优势，尽力保持销售增长速度，并确保产品质量的一贯优秀。具体来说，企业可采取以下几种策略：持续优化和提升产品品质；积极探索并开拓新的市场领域；加强品牌建设，巩固产品和企业在消费者心目中的地位；根据市场需求灵活调整价格策略。

企业在成长阶段，往往会面临一个关键选择节点，需在追求高利润率和扩大市场占有率之间做出抉择。这两种策略似乎存在冲突：若企业倾向于增加市场份额，则可能需要通过优化产品、降低售价以及增加营销支出来吸引更多消费者，这些举措短期内可能会压缩利润空间。然而，从长远角度看，如果企业成功保持较高的市场占有率，便能在竞争激烈的市场环境中稳固自身地位，并为未来的成长奠定坚实基础。尽管这意味着企业在短期内放弃了部分利润，但在进入成熟阶段后，之前的努力将为企业带来更丰厚的回报。

（7）成熟期阶段的营销策略。在这个阶段，由于市场需求趋于饱和或新兴竞争产品出现，产品的销售增长开始放缓，甚至可能出现下滑趋势。为维持产品的市场份额，企业往往需要增加营销和销售成本，这导致利润逐渐减少。成熟期的特点是产品在市场上存在时间较长，通常伴随着较高的销量和利润。然而，在这一时期后期，当销售量达到顶峰之后，会逐渐下降，相应的利润也会随之降低。

面对成熟期的挑战，企业在制定营销策略时应注重突出"优"，即强调产品的优势。此时，企业不应仅限于被动防御，而应采取积极主动的市场进攻策略，强化并宣传产品的独特卖点，以促进销售增长或至少保持稳定。具体来说，可考虑通过开拓新市场、优化产品特性以及调整营销组合等方式来实现这一目标。

（8）衰退期阶段的营销策略。在衰退期，随着消费者兴趣转移以及竞争品和替代品逐渐占据市场，产品的销售量会快速下滑，最终可能完全退出市场。这一阶段最显著的特点是销售额和利润额急剧下降，企业通常面临微薄利润，甚至可能出现亏损。

针对衰退期的情况，企业在制定营销策略时应以"转型"为核心思路。意识到任何产品都无法永远保持旺盛生命力，企业必须接受产品终将走向衰退的事实，并提前规划新产品的研发与推出，确保新产品能顺利接棒，避免出现产品线断层现象。同时，企业需根据市场动态灵活调整策略：一方面，维持一定生产规模以保留部分市场份额；另一方面，为产品的逐步退出做好准备。因此，企业应谨慎管理资源，逐步减少营销投入，以防止利润进一步恶化。

3. 新产品开发的策略

在科技开发领域所定义的"新产品"，与市场营销学中讨论的"新产品"概念并不完全相同，后者涵盖内容更为宽泛。具体来说，市场营销学中的新产品不仅限于全新创造的产品，还包括模仿、改良、换代以及全新的产品类型。

（1）完全新产品指那些基于全新技术、材料和原理开发出来的，具有创新功能且在市场上几乎没有相似前例可循的产品。这类产品通常标志着科学技术上的重大突破，是真正的首创性发明。

（2）换代新产品指那些在现有产品基础上，在性能方面实现显著改进的产品。由于这些产品在材料、技术和原理上与前一代产品有一定继承关系，因此企业开发换代新产品相较于从零开始研发完全新产品来说，难度较低且所需成本也相对较小。

（3）改良新产品通常集中在改进产品的某些特定方面，例如包装设计、材质选择、色彩搭配、结构布局、外观造型或性能特征等。这些调整和优化虽能提升产品的吸引力或用户体验，但并不涉及对产品核心功能的根本性改变。在新产品的开发类型中，"改良新产品"是最为常见的形式。

（4）模仿新产品。这一概念常用来描述那些在特定地区或企业内首次出现，但实际上已在市场其他地方存在或者由其他企业生产过的产品。换句话说，这些产品是基于已有产品的复制或仿制，因此被称为"模仿新产品"。

新产品开发的一般流程如下。

（1）创意的产生。创意的源泉涵盖以下几个方面。①顾客。企业倾听顾客的抱怨，能够洞察产品有待优化的环节，进而激发创新的灵感。同时，深入分析消费者行为模式，同样可挖掘出丰富的创意素材。②员工。企业内部员工也是宝贵的创意资源。富有创造力的员工往往能贡献诸多有价值的想法，企业若能积极收集并合理运用这些创意，无疑将为企业带来巨大收益。③专家。专家学者也是企业新产品创意的重要来源。他们的发明成果，常常能为企业带来新产品的灵感。④竞争者。企业通过观察和分析竞争对手的产品与服务，也能捕捉到创意的火花。将对手的产品服务与自家产品进行对比分析，探究消费者偏好对手产品的深层原因，便能找到提升自家产品竞争力的有效途径。⑤经销商。他们与消费者紧密接触，能轻松获取消费者的一手资料，同时，也熟知竞争对手的动态。⑥高层管理者。企业高层能接触大量市场信息，因此也能提出诸多创意。此外，创意还源自发明家、专利代理人、大学及商业实验室、行业顾问、广告商、营销研究机构及工业出版物等。

（2）创意的筛选。由于企业无法将所有创意都转化为实际行动，所以必须设立一个筛选创意的流程。

创意筛选程序。企业通常需设立创意筛选专员，即创意经理，负责广泛收集各类创意。收集完成后，该经理会仔细筛选这些创意，将它们分为"应放弃的""需暂缓的"以及"具潜力的"三类。随后，创意经理会把那些"具潜力的创意"提交给创意委员会，由委员会进一步审核。只有经过委员会审核通过的创意，企业才会最终将其转化为实际行动。

创意筛选中的谬误。在创意筛选过程中，如果出现谬误，可能会给企业带来不同程度的损失，因此必须对此高度重视。具体来说，有两种常见的谬误：一种是"误舍"，即企业错误地放弃了那些虽存在某些不足但具有潜在价值的创意；另一种是"误用"，即企业错误地采纳并实施了有缺陷的创意。

创意的分等。为了从众多通过初步筛选的创意中识别出最值得优先实施的方案，企业需要对这些创意进行有效的分级评估。这个过程对于确保资源的有效配置至关重要。创意的分级通常采用指数加权法来进行。

（3）产品概念的形成。创意需转化为市场认可的产品概念，才能被企业采纳并为后续产品开发奠定基础。①确立产品概念。产品创意是企业设想的、希望推向市场并获得接受的潜在产品，而产品概念则是用消费者易于理解的语言详细描述这一构想。②深化产品概念。在初步形成各类产品概念后，下一步是为每个概念确定市场定位。最终，这些产品概念将发展成为品牌概念。③产品概念测试。

为了评估产品概念与市场需求的契合度，企业应在其目标消费群体中测试这些概念。在此过程中，企业可以利用计算机模拟未来产品的外观，并收集消费者对产品的反馈意见。对于秉持现代市场营销理念的企业而言，在新产品开发阶段充分考虑顾客的意见至关重要。④组合分析法。组合分析法是一种用于衡量不同属性层次对消费者效用价值影响的方法。通过展示不同组合水平下的假设产品特性，要求被测试者根据个人偏好对这些假设产品进行排序。这种方法的结果可以帮助确定最具吸引力的产品配置，预测市场份额，并估算企业可能获得的利润等，为管理层决策提供重要依据。⑤制定营销策略。产品概念测试结束后，产品开发前，还需草拟新产品的初步市场营销方案。该方案包含三大要点：一是分析目标市场规模、结构及消费者行为，明确产品市场定位、预期销量、市场份额及初期几年内的盈利目标；二是设定产品定价、分销方案及首年营销预算；三是规划长期销售目标、利润预期及分阶段销售策略组合。⑥商业前景分析。企业需评估产品概念的商业潜力，并判断其是否符合企业的战略目标，从而决定产品概念的后续去留。

（4）新产品试制。在完成商业分析和市场分析之后，新产品就可以进入具体的开发试制阶段了。这个"新产品试制"阶段至关重要，因为之前的各个阶段主要集中在理论构想和规划上，可以说是停留在"纸上谈兵"的层面。而试制阶段则是将这些构想付诸实践，把设想中的新产品转化为实际可售的实体产品，使顾客能够真正购买和使用。在这个过程中，企业需要特别关注：试制出的产品样本（即新产品的样品）必须具备广泛的适用性和代表性。

具体来说，试制品不仅需要在理想环境下能够正常使用，还必须能够在各种可预见的实际环境中可靠运行。此外，企业应该能够在常规的成本和生产条件下实现该产品的批量生产。只有当产品满足这些条件时，它才具备实际推广的价值。因此，新产品样品通常需要经历实验室理化性能测试或实地使用测试阶段。这意味着，在极端环境条件下测试样品的适用性，以检验其应对不同环境挑战的能力；或者通过特定仪器和设备对样品进行极限破坏测试，以评估其抗破坏能力。

（5）市场试销。新产品试制完成后，企业不应立即急于将其推向市场。尽管在前期阶段企业已经投入了大量资源，进行了详尽的规划和顾客调研，但实际试制出的产品可能仍面临被市场淘汰的风险，难以获得消费者的认可。这是因为消费者对具体实体产品的评价往往与其对设想中产品的预期存在差异。因此，为了降低这种风险，避免批量生产后可能出现的超出预期的损失，企业应当采取"试销"的策略。

在实际操作中，市场试销的含义是多方面的，它不仅涵盖对产品价格的测试，也涉及对产品质量和性能的评估，还包括对广告促销策略及销售渠道效果的考察。从本质上讲，市场试销的核心目的是测量消费者对新产品的反应。

通过市场试销，企业不仅可以改进产品的品质，还能制定出有效的营销组合方案。然而，值得注意的是，并非所有产品都需要经历这一过程。例如，对于那些市场容量有限的高价工业品或具有高昂价格的特殊商品，可以直接推向市场。这是因为市场试销主要适用于那些拥有较大市场潜力、较长生命周期以及广泛使用范围的产品。

（6）批量上市。在新产品开发的整个流程中，"批量上市"是最终的一个环节。具体而言，这个阶段指的是将产品以大批量的形式推向市场。当进入这一时期时，意味着新产品正式开始了它的市场生命周期。然而，这并不意味着新产品的研发和推广已经确保成功。"大规模投放市场"实际上是考验新产品是否能够获得市场认可的关键时期。如果策略不当，即使到了这个阶段，新产品也有可能因为市场的不接受而遭遇销售困难。因此，企业在进行大规模市场投放时，必须在多个方面做出明智的选择，包括但不限于投放的方式、销售渠道、地理区域以及最佳时机等，并且要科学合理地制定营销策略。

一个成功的上市计划通常可以显著减少新产品被市场接纳所需的时间。所以，在安排新产品的市场推出时，企业需要对市场环境有深刻的理解，准确捕捉市场机会，精心规划执行方案，以确保新产品能够顺利地融入市场并取得消费者的认可。

（二）品牌的营销策略

1.产品品牌策略

品牌，作为一种独特的标识，用于区分不同的企业或产品，通常由特定的图形、符号、名称或其他识别元素组成。在当今商品种类繁多的市场环境中，如果没有品牌的帮助，情况就如同一个班级里学生没有学号和名字一样，制造商难以吸引顾客并促使他们购买自己的产品，消费者也无法方便地根据个人喜好和需求挑选适合的商品。现在，消费者倾向于通过指定品牌来选购大多数商品，"指名购买"已经成为一种常见的消费模式，因此，品牌的作用显得尤为关键和不可或缺。针对产品的品牌策略，企业可以选择的方向大致有以下六种。

（1）品牌有无策略。企业在决定是否为产品创建品牌时，需要首先考虑产品的特性和公司的战略目标。大多数情况下，为了提升产品的市场形象和认知度，企业会选择进行品牌建设。然而，并非所有产品都需要品牌塑造，具体来说：①对于那些未经深加工的原材料，比如棉花或矿石等，由于其性质基本一致，消费者更关注的是价格而非品牌。②高同质化的产品，如电力、煤炭和木材等，这些商品在功能上几乎无差异，因此品牌对消费者的购买决策影响较小。③某些生产流程简单且选择余地不大的小型工具或物品，例如小型农业器具，因为它们的功能单一，用户对品牌的依赖性较低。④临时性的或仅一次性生产的商品，这类商品由于生产和销售周期短暂，建立品牌的意义不大。对于上述类型的产品，实施品牌策略可能不会带来显著的竞争优势，反而会增加成本。因此，在这些情况下，企业选择不进行品牌建设可能是更为经济有效的做法，有助于直接提高利润空间。

（2）品牌使用策略。企业在决定采用品牌策略后，还需进一步规划如何有效运用这一策略。一般而言，企业在品牌使用上有三种主要策略可供选择，具体为：①制造商自有品牌策略，即企业自主创建品牌，以此提升产品附加值，并从中享有品牌带来的利益；②经销商品牌策略，这通常适用于实力雄厚的经销商，他们倾向于打造自己的品牌，而对于实力较弱、难以自行建立品牌的小企业来说，则可能通过为其他品牌代工来实现盈利；③混合策略，即企业在其产品线中，对部分产品采用自有品牌，而对另一部分产品则采用中间商品牌，这种灵活的策略能使企业同时汲取上述两种策略的优势。

（3）统分品牌策略。当企业决定采纳自有品牌时，紧接着需面对的关键抉择是坚守单一品牌路线，还是采取多品牌并行的战略。

①品牌统一化：即企业旗下所有产品共享一个品牌标识。以海尔集团为例，其家电产品系列均冠以"海尔"之名。这一策略的优势在于能最大限度地发挥品牌效应，让每一件产品都沐浴在品牌光环之下，塑造企业统一且鲜明的市场形象。然而，一旦某款产品遭遇市场挫败，单一品牌可能会连带受损，面临信任危机。

②品牌差异化：即针对不同产品线或产品类别分别赋予独立品牌。这种做法的好处在于，个别产品的失败不会波及整个品牌体系，有效分散了风险，同时也为企业探索多元化产品线、拓宽市场边界提供了灵活性和空间。不过，多品牌策略也存在弊端，即品牌数量过多可能导致营销资源分散，难以形成规模效应。因此，这一策略更适合产品线丰富且各产品间关联性较弱的企业采用。

（4）品牌延伸策略。品牌延伸策略是企业利用已成功品牌推出新产品的做法。该策略能借助原有品牌的良好口碑，助力新产品顺利进入市场，节省市场推广成本。然而，若新产品表现不佳，也可能损害原有品牌的声誉。

（5）多品牌策略。多品牌策略指的是企业为同一类产品打造两个或更多品牌的行为。它的核心优势体现在以下几个方面：①通过占据更多的货架展示位置，有效减少了竞争对手产品的展示机会，进而降低了其被消费者选中的概率；②这一策略能够吸引那些追求新鲜感、乐于尝试不同品牌的消费者，满足他们不断变换品牌的需求；③多品牌策略使企业能够针对不同产品的特性进行开发，从而精准定位并占领多个细分市场；④实施多品牌策略还能激发企业内部各产品部门及产品经理之间的良性竞争，推动企业整体效益的提升。

（6）品牌重新定位策略。随着消费者需求和市场格局的不断演变，企业的品牌可能会逐渐失去原有的魅力。为此，企业在某个阶段对品牌进行重新定位显得尤为重要。在进行品牌重新定位的过程中，企业需深入考量两大因素：①品牌从当前细分市场向新细分市场迁移所需投入的成本，这涵盖了产品质量改进、包装设计更新以及广告宣传等费用；②品牌在新定位后的盈利能力，而这又受到新细分市场中消费者规模、平均消费水平、竞争对手的数量与实力等多重因素的影响。

企业应细致评估各种品牌重新定位的方案，力求挑选出能够带来最大盈利潜力的方案来付诸实践。

2. 产品包装的策略

产品的包装主要指产品的容器、外包装及装饰的设计。它通常分为三个层次：基本包装，即直接盛放商品的容器和包装物；次级包装，即包裹在基本包装外面的包装；运输包装，为确保运输安全与便利而加在产品上的包装。企业在选择包装策略时，有以下七种策略可供考虑。

（1）类似包装策略。企业运用类似包装策略，意味着在不同种类的产品上采用外观相仿、图案相似且具有共通元素的包装设计，以此赋予企业产品系列统一的视觉识别度。这样，消费者仅凭外观就能轻松识别出企业的系列产品。类似包装策略的优势显著：它有助于增强企业的市场声量，扩大品牌影响力，特别是当新产品面世时，能借助企业已有的良好口碑，迅速获得消费者的接纳；类似包装的频繁亮相，无形中提升了企业在消费者视野中的出现率，起到了为企业产品"打广告"的作用；此外，采用类似包装还能有效节约包装设计与印刷的成本开支。

（2）差异包装策略。企业为不同产品采用多样化的包装设计，以区分不同市场定位和目标市场需求的产品。这种做法的好处在于，单个产品的失败不会损害企业的整体形象，但会增加企业的成本。

（3）配套包装策略。配套包装策略，即企业将两种或多种在消费上存在关联的产品组合在同一包装内销售，这种关联可以是使用上的互补、观赏上的搭配或是产品系列的配套。此策略旨在为消费者提供购买与使用的便利，同时助力企业推销滞销商品。然而，企业在实施时须谨慎，避免产品搭配引起消费者反感或损害其利益。

（4）重复使用包装策略。重复使用包装策略，是指产品包装在完成其原始功能后，仍能转化为其他用途。这种策略能激发消费者的购买欲，且被转化利用的包装还能持续发挥宣传企业产品的效果。

（5）等级包装策略。等级包装策略是指企业依据产品档次和价格提供不同级别的包装。这种策略不仅使包装成本有所差异，还能为消费者提供更多选择。

（6）更新包装策略。更新包装策略是指企业用新包装替代旧包装，通常在销售遇到困难时采用。新的包装可以像新产品一样，给消费者带来新鲜感。

一般来说，企业的品牌和包装应保持稳定，但在以下三种情况下，企业需要考虑更新包装：①产品质量出现问题，影响了消费者的观感；②市场竞争激烈，原有包装不利于吸引顾客或促进销售；③包装使用时间过长，导致消费者感觉陈旧、缺乏吸引力。

（7）附赠品包装策略。附赠品包装策略是指企业在产品包装内附加上小礼品，如玩具、图片或奖券等，以吸引消费者购买并促进重复购买，从而提升销量。这种策略特别适用于开拓儿童、青少年及低收入消费者的市场。

（三）定价的策略

1. 定价的方法

定价的基本方法是指为实现定价目标而采取的具体手段。虽然影响商品价格的因素众多，但在实际操作中，通常会侧重某一个关键因素。

（1）成本导向定价法。成本导向定价法是一种基于卖方成本，并围绕卖方目标设定价格的策略。其核心是在确保覆盖所有生产经营成本的基础上，加入预期利润空间。常见的成本导向定价方法包括成本加成定价、边际成本定价和盈亏平衡定价。

①成本加成定价法。这种方法通过计算生产或提供服务的总成本，并在此基础上加上一个预定的利润率来确定最终售价。它广泛应用于制造业和服务行业，能确保企业不仅弥补成本，还能获得合理利润。这种定价方式简单直接，易于操作，适合成本结构较为稳定的企业。

②边际成本定价法。边际成本定价法在定价时主要关注变动成本，而非固定成本。企业根据预计的边际贡献（即预计销售收入减去变动成本后的剩余）来决定价格，以此间接补偿固定成本。由于固定成本在生产能力范围内基本保持不变，无论产量多少，只要边际贡献足以覆盖固定成本，企业就能实现盈利。因此，这种方法特别适用于那些固定成本较高且生产能力有较大弹性的企业。

采用边际成本定价法需要满足特定条件，其中最关键的是：在市场低迷、产品供过于求的情况下，企业若不采取灵活价格策略，可能因缺乏市场需求而停产，并承担全部固定成本损失。此外，若企业在满足现有市场需求后仍有剩余生产能力，可考虑以边际成本定价开拓新市场。但前提是新市场和原有市场必须相互隔离，防止新市场的商品回流到原市场转售。这种定价策略仅适用于短期，且通过该策略实现的销售额不应在总销售额中占比过大。

（2）损益均衡定价法。损益均衡定价法，也被称为目标利润定价法，是一种基于产品达到损益平衡点或设定的目标利润来确定价格的方法。当产品的销售量达到某一特定水平时，其收入正好等于成本，此时即为损益平衡点。若销售量低于这个水平，企业将面临亏损；反之，若销售量超过这一水平，则会产生额外收益，也就是目标利润。总成本线与总收入线之间的差额即为目标利润。

通过损益均衡定价法，企业可确定一个最低价格，确保覆盖预期成本并实现预定利润目标。然而，这种方法的一个局限性在于它没有充分考虑价格与需求之间的相互关系。尽管它是根据预期销售量设定价格，但价格本身却是影响销售量的关键因素之一。因此，在实际应用中，企业还需评估不同价格水平下实现预期销售量的可能性，以确保定价策略既能覆盖成本又能吸引足够市场需求。

（3）需求导向定价法。需求导向定价法是指企业根据市场对产品或服务的需求状况，结合市场竞争态势和营销成本等因素制定或调整价格的一种策略。实际操作中，社会需求与多种因素紧密相关，如产品或服务的需求价格弹性、消费者的收入水平及消费习惯等。不同企业在面对这些因素时会有不同侧重点，因此，形成了几种具体的需求导向定价方法。

①习惯定价法。在长期消费体验中，消费者对某些商品或服务的价格及其属性已形成固定认知与接受度。当企业推出新品种或新产品且其用途与基本功能未发生显著变化时，消费者通常期望以相同价格购买。因此，在经营这类产品或服务时，企业应慎重对待价格调整。若价格突然上涨，可能对产品市场接受度产生负面影响；同样，若价格不明原因下调，也可能引发消费者对产品质量的质疑。

②认知价值定价法。认知价值定价法是依据消费者对产品价值的主观认知设定价格的一种策略。这种方法与现代市场定位理念相契合，其核心在于产品价格不仅仅由卖方成本决定，更多依赖于买方对产品价值的主观评价。在制定价格时，需以买方认可并能接受的价格为基准。若定价高于买方心理预期，可能导致产品滞销；反之，若定价低于买方预期，企业利益则会受损。因此，运用此定价策略的关键在于科学评估并分析市场上买方对产品价值的认知程度，并据此逆向推算出产品的批发价及出厂价。

③反向定价法。反向定价法是一种先确定消费者愿意接受的最终市场销售价格，然后结合企业经营成本及期望利润，反向推算出产品零售价与批发价的企业定价方式。这一策略的核心不在于产品实际成本，而是紧紧围绕市场需求制定，目标是确保最终销售价格能被广大消费者接受。在分销体系中，零售商与批发商常常倾向于采用这种反向定价法。

2. 新产品定价的策略

（1）撇脂定价策略。撇脂定价策略，指企业在推出新产品之初，选择以高价入市，随后依据市场变化逐步调整价格的一种策略。其目的在于迅速回收投资，并在短期内实现利润最大化。这一策略基于消费者的尝鲜心理，通过高价策略激发市场需求，尤其适用于需求弹性低、市场寿命短、更新换代快的时尚类产品。此外，撇脂定价策略还具备一项优势：即以高价小批量方式逐步推向市场，使企业能够灵活应对市场反馈，及时调整策略，规避大规模生产可能带来的风险。当然，撇脂定价策略成功实施的前提是产品必须新颖独特，能够吸引消费者。然而，这一策略也存在缺陷：过高定价可能阻碍市场开拓，同时，高价路线也容易吸引竞争对手加入。

（2）渗透定价策略。渗透定价策略，指在新产品上市之际，采取低价策略以迅速提升销量并扩大市场份额的一种营销手段。这种策略常被用作避免价格战或有效抵御低价竞争者进入市场的有效盾牌。对于那些需求弹性较高、非生活必需且技术密集型的产品，如生产资料及部分工业消费品，由于试销成本通常较高，为尽快切入市场，渗透定价策略便显得尤为适宜。然而，这一策略也伴随着显著缺陷：投资回收周期长、效果显现慢、市场风险高，一旦渗透策略未达预期效果，企业可能面临严重挫败。

3. 产品组合定价的策略

（1）产品线定价。通常情况下，企业并非仅开发单一产品，而是打造出一整条产品线。若这些产品在成本与市场需求上存在内在联系，为充分利用这种关联性带来的正面影响，企业可选择实施产品线定价策略。

具体来说，该策略涉及以下几个定价步骤：首先，明确产品线中除某一特定产品外的其他所有产品；其次，为产品线中那款承担回收投资及展现品牌形象与质量重任的产品设定最高价格；最后，针对产品线中的其他产品，根据其各自角色定位，采取有针对性的定价措施。在众多行业中，营销人员会预先设定好产品线中某一关键产品的价格定位。

（2）非必需附带产品定价。众多企业在提供核心产品的同时，还会附带提供与之紧密相关的辅助产品。例如，购车用户可以选择加装电子车窗控制器、除雾器以及遮阳板等配件。然而，如何为非必需的辅助产品定价却是个难题，汽车制造商需权衡哪些配件应包含在车价内，哪些则需单独计费。为此，企业需综合考量消费者偏好、市场环境等多重因素，进行深入细致的分析。

（3）必需附带的产品定价。必需附带产品，即那些必须与核心产品配套使用的产品，如胶卷与相机、电脑与软件等，它们之间存在不可分割的连带关系。为促进核心产品销售，制造商往往采取低价策略，而对于这些必需附带的辅助产品，则可能设定相对较高价格。

4. 价格折扣定价的策略

价格折扣是企业为吸引顾客、提升销量，在价格上给予顾客和销售商的优惠措施。折扣定价策略主要包括以下方面。

（1）数量折扣。这种定价策略根据顾客购买的数量或金额提供不同比例的折扣，购买越多，享受的折扣越大。它主要分为两种形式：一次性折扣和累计折扣。

①一次性折扣。这种策略基于顾客单次购买的产品数量或总金额确定折扣力度。顾客一次性购买的数量或金额越大，所获得的折扣越高。这种方式旨在鼓励消费者在单次交易中增加购买量，并吸引那些寻求即时优惠的流动消费者。

②累计折扣。与此不同，累计折扣根据顾客在一定时期内累积的购买总量或总金额给予相应折扣。随着时间推移，顾客累积的购买量越大，所能享受的折扣幅度越大。这种方法有助于企业培养忠实老顾客，建立长期稳定合作关系。

（2）现金折扣。现金折扣是指，在顾客提前完成商品购买款项支付的情况下，供货方向顾客提供的一种优惠减免。这种折扣多见于生产厂家与批发商之间，或是批发商与零售商的交易中。实施现金折扣时，需综合考量折扣率高低、享受折扣的时间范围，以及顾客结清全部款项的截止日期。此定价策略尤其适用于高价位的耐用消费品，特别是那些允许分期付款的商品。

（3）季节折扣。季节折扣则是生产厂家为保持季节性商品全年稳定生产，而采取的一种鼓励批发企业在销售淡季进行采购的定价手段。

（四）分销渠道的策略

分销渠道可理解为一套相互关联的组织体系，旨在确保服务或产品能顺畅通过市场交易流程，最终抵达终端用户（消费者）手中。

从广义而言，分销渠道不仅涵盖厂商成品的销售路径，还包括生产这些产品所需原材料和零部件的流通。整个过程涉及运输、储存、分配以及调节等环节，并有提供相关服务的各种机构和支持系统。

从狭义来讲，分销渠道专注于商品从制造商流向消费者这条线性路径上的各个节点。它描述的是商品所有权转移过程，从最初的生产商开始，经批发商、代理商等一系列中间商，直至零售商，最终到达消费者。当然，也存在一些商品跳过传统经销商和零售步骤，直接由厂家面向顾客销售的情况。

1. 营销中介机构的三大类型

根据所有权的不同，营销中介机构可分为三类：经销中间商、代理中间商和辅助机构。

（1）经销中间商。在商品流通体系中，"经销商"是指获取产品所有权并负责销售的营销中介，包括零售商和批发商等。工业品经销商属于经销中间商，主要任务是直接向消费者或企业出售耐用消费品或工业用品。这类经销商通常与供应商建立长期稳定合作关系，并且在特定地理区域内享有独家销售权。例如，某些经销商可能在某一地区内独家代理某品牌产品，确保该区域内的销售和服务质量。

（2）代理中间商。代理中间商的角色与经销中间商不同。他们不持有产品的所有权，也无需为商品的资金流动提供担保或垫资。代理中间商的主要职责是参与客户开发或代表生产厂商与客户洽谈。其收入模式通常是基于销售额抽取一定比例的佣金。常见的代理中间商类型包括经纪人、佣金代理商、采购代理商、销售代理商以及企业代理商。这些中介机构通过促成交易来赚取服务费用，而非通过直接买卖商品获利。例如，经纪人可能帮助制造商找到合适买家，从而获得一定比例的佣金。

（3）辅助机构。辅助机构不涉及商品所有权的转移，也不直接参与买卖双方的谈判过程，其主要功能是为产品的流通提供支持和服务。其中，"配送中心"扮演着尤为关键的角色。配送中心的核心任务是集中储存货物，并根据各个销售点的需求，定期或不定期地对商品进行分拣和配送。随着现代连锁经营的快速发展，配送中心的重要性日益凸显，企业应更加重视其在供应链中的作用。此外，辅助机构还包括广告代理商、银行、独立仓库以及运输公司等。这些机构为企业提供从资金到物流再到宣传的一系列支持，确保产品能够顺利到达消费者手中。

2.企业分销渠道设计

分销渠道的设计是企业为确保长期生存与发展，对分销模式、核心目标及管理原则进行的规划与决策过程。这一设计的核心目的是有效地向目标市场传递关键的消费者价值。为成功设计分销渠道，企业需要满足两个基本前提：①必须拥有清晰的产品或服务概念，能够明确地提供给消费者；②该产品或服务应针对一个明确界定的目标市场。

当制造商在多个渠道设计方案中挑选最合适的方案时，每个备选方案都需从以下几个方面进行深入评估。

（1）经济性标准。每个分销方案都伴随着特定成本和预期销售额，首要考量的是选择使用公司内部的销售团队还是外部的销售代理商，哪一方能带来更高的销售额。不少制造商倾向于认为，内部销售人员往往能取得更好的销售成绩。原因在于，这些员工专注于推广本公司产品，并接受了专门培训，使其在推销自家商品时更加专业有效。此外，由于他们的职业发展与公司未来紧密相连，内部销售人员通常表现出更高的积极性和责任感，这增加了他们成功的概率。消费者也往往更倾向于直接与制造商互动。

（2）控制性标准。采用销售代理商可能会引发控制方面的问题，因为这些代理商作为独立实体，主要目标是追求自身利润最大化。因此，他们可能不会专注于制造商的产品，而是更倾向于推广那些更能吸引消费者、更容易销售的商品。

理论上，应该全面评估所有可用选项，以挑选出最优化的方案，从而确保最佳效果。然而，在实际操作中，这种方法面临诸多挑战。要实现这一点，设计者必须考虑所有潜在因素，并列出每一个可能的方案，这无疑会带来极高的成本和复杂性。因此，所谓的"最佳方案"实际上是指在已提出的备选方案中找到一个相对最优的选择，该选择能够在合理范围内有效地分配渠道任务，并尽量平衡成本与效益。

第三节　网络营销及其对企业经济管理的作用

一、网络营销

互联网营销，即网络营销，是利用国际互联网和数字化信息及网络媒体的交互性来实现营销目标的一种新型市场营销方式。

（一）网络营销的基本特点

随着互联网技术的持续进步以及上网成本的逐步降低，互联网宛如"万能胶"，打破了时空限制，将企业、团体、组织和个人紧密相连，使信息交换变得空前便捷。在市场营销领域，信息传播与交流是核心内容之一。没有有效的信息交换，交易便如无源之水，难以持续。正因互联网具备营销所需的某些特性，网络营销呈现出以下显著特点。

1. 网络营销的时域性

网络营销的核心目标是占据市场份额。借助互联网，信息交换不受时间和地点的限制，交易得以突破时空界限，为营销活动赋予了更大的灵活性和更广阔的空间。企业如今能够每周7天、每天24小时在全球范围内提供营销服务。一方面，互联网营销涵盖从产品信息发布到收款及售后服务的整个流程，形成完整的营销渠道。另一方面，企业可通过互联网统一规划和协调各类传播与营销活动，确保向消费者传递一致的信息，避免因信息不一致带来负面影响。此外，在互联网平台上，所有企业都拥有平等的竞争机会，不过这种公平性仅体现在提供平等机会，并不保证财富分配结果的平等。

2. 网络营销的富媒体

互联网的设计使其能够传输文字、音频和图像等多种媒体信息，这让为促成交易而进行的信息交流形式更加多样化，极大地激发了营销人员的创造力与主动性。通过富媒体定向投放技术，企业能够针对特定的时间、地区、网页地址、网页关键词以及搜索引擎关键词等精准投放广告内容，确保营销信息更有效地吸引目标顾客。

3. 网络营销的交互式

互联网通过展示商品图片、提供详尽的商品信息查询，实现了供应商与消费者之间的互动交流和双向沟通。此外，它还支持产品测试、消费者满意度调查等活动，成为产品联合设计、信息发布和技术服务的理想平台。网络营销的交互性体现在深入了解消费者的需求和期望，并为其营造满足这些需求的环境。这种方式不仅让消费者自主获取所需信息，进行自我培训和教育，还鼓励他们通过自身的成长和进步影响其他潜在消费者。部分活跃消费者甚至能够转变为经营者，参与产品的推广或销售。这种营销方式不局限于传统实体店面，还可在消费者家中、办公室或消费者指定的任何地点进行，将消费性商品和服务直接推向最终用户。

4. 网络营销的个性化

网络促销在互联网平台上独具魅力，它遵循一对一的精准策略，理性且完全由消费者主导，避免了任何形式的强迫推销，采用温和且逐步深入的方式。这种促销手段成本低廉且极具人性化，有效规避了传统推销员强势推销的干扰。通过提供丰富信息以及开展深入的交互式对话，网络促销能够与消费者建立持久且融洽的关系。

互联网营销的个性化特点在时间与空间两个维度上展现得淋漓尽致。它打破了传统营销模式在时间上的局限，能为用户提供全天候、24小时不间断的服务，用户可根据自身实际需求和时间安排，随时随地进行选择和接受。在空间上，互联网营销充分发挥现代技术优势，实现远程乃至移动状态下的服务提供。此外，互联网营销的方式也极为个性化，企业能够借助网络平台，推出更多独具魅力的服务。

5. 网络营销的超前性

互联网作为营销工具具有多功能性，集成了销售渠道、促销平台、电子交易处理、互动客户服务以及市场信息分析与提供等功能。这种工具特别契合定制化和直接响应营销的发展趋势，在一对一营销方面表现尤为突出。在效率方面，计算机能够存储海量信息并为消费者提供查询服务，使得互联网传递的信息量和准确性远超其他媒介。此外，它还能依据市场需求快速更新产品或调整价格，确保迅速且有效地响应顾客需求。

6. 网络营销的经济性

通过互联网实现的信息交流取代了传统的实物交换模式，带来多方面优势。一方面，这种方式减少了印刷和邮寄费用，实现了无需实体店面的销售模式，从而节省了租金、水电费及人力成本。另一方面，它还降低了因多次转手交易可能产生的损耗。从技术角度看，网络营销活动主要由在线工作者通过一系列宣传和推广来执行，这些操作的技术门槛相对较低。对于客户而言，这意味着以较小投资就能获得较高回报，形成了低成本高产出的经营模式。

（二）网络营销的基本方式

互联网时代到来后，互联网营销迅速成为 21 世纪热门的营销模式。网购盛行，传统企业仅依靠单一市场手段难以拓展更大市场，而互联网营销为企业带来了新机遇。

1. 颠覆式网络营销

颠覆式营销代表着思维模式的彻底变革，它挑战传统逻辑和既定秩序，强调创新和格局重塑。这种营销方式不仅在理论上与传统不同，在实践中更是体现为打破常规、具有革命性创新意义的方法。为实现这种营销效果，企业需要超越表面，借助高层次商业策略的指导，突破标准的网络营销手法，开发出独特、新颖且富有创意的网络营销方案。

2. 整合网络营销

网络营销是企业整体营销战略的关键环节，旨在通过互联网这一核心工具构建有利于业务发展的在线环境，以达成企业的总体经营目标。这里的核心概念是创建有效的网上经营环境，该环境致力于通过整合各种有效的网络营销技术，促进品牌价值的形成与提升。

3. 社会化网络营销

社会化网络营销是一种新型营销模式，它将基于人际关系的社会化网络与传统论坛相结合，构建出功能更为强大的在线社区。这种营销方式融合广告、促销、公共关系和推广等多种手段，形成全面的整合营销策略。其独特之处在于建立在精准的目标受众定位基础上，并且更注重通过口碑传播信息。为取得良好效果，营销活动需在创意、执行力度、可信度以及覆盖面等方面表现出色；同时，应强调"质量至上"的理念，避免过度互动导致用户参与疲劳。

二、网络营销对企业经济管理的作用分析

(一)拓展市场版图,释放企业活力

在互联网浪潮的冲击下,网络营销如同锐利的破冰斧,彻底打破了传统营销在时间与空间维度上的重重壁垒。以往,企业受营业时间限制,无法在非工作时段触达潜在客户;地理距离也常成为拓展市场的阻碍,难以将业务延伸至偏远地区。如今,凭借网络营销,企业仿佛拥有了一扇全天候敞开的全球之门。

企业能够借助互联网搭建起永不落幕的线上展销平台,无论白昼黑夜,只要消费者有需求,就能随时随地了解企业的产品与服务。这种不受时间束缚的营销模式,极大地拓宽了企业捕捉市场机会的视野。在网络技术与数字化信息日新月异的当下,企业更是如虎添翼,不仅能轻松跨越国界,将产品与服务推向全球各个角落,让世界成为自己的市场,还能深入挖掘那些传统营销手段难以触及的小众、新兴市场领域。这些新市场犹如未经开采的宝藏,蕴含着巨大潜力,企业一旦成功开拓,便能持续扩充自身市场份额,在激烈的市场竞争中站稳脚跟。

网络营销的魅力不止于此,其高度灵活的特性,如同万能拼图,能完美契合企业的多样化需求。企业可依据自身产品特点、目标客户群体的喜好,量身定制个性化的营销方案。这种精准营销不仅能更好地满足消费者的个性化需求,还能像强力磁石一般,吸引大量新客户与消费者。对于消费者来说,网络购物带来了消费体验的革命。过去,购物可能需耗费大量时间穿梭于各个商场,如今只需动动手指,就能在网络世界中轻松挑选来自全球的商品,整个购物过程变得无比便捷,时间成本大幅降低。这种便捷的购物体验,不仅让消费者乐在其中,更在无形中激发了他们的消费欲望,促使消费行为更加频繁地发生,形成企业与消费者双赢的良好局面。

(二)削减交易成本,提升竞争实力

在网络经济蓬勃兴起的时代,网络交易如同璀璨新星,在市场交易舞台上大放异彩,与传统市场交易相比,展现出无可比拟的成本优势。这一优势的根源在于信息网络的高效运用。

在传统交易模式下,市场主体收集、处理和分析信息犹如在黑暗中摸索,过程漫长且低效。而如今,借助先进的信息网络技术,各市场主体仿佛拥有了一双洞察一切的"千里眼"和一个运算神速的"超级大脑"。他们能够在瞬间获取海量所需信息,并通过智能算法快速进行筛选、分析与处理,原本漫长的信息处理周期被大幅缩短。

更重要的是,信息网络与物质资源的有机整合,如同将齿轮精准啮合,使市

场主体能够实现资源的最优配置。通过大数据分析，企业可以精准掌握原材料的供需情况，合理安排生产计划，避免库存积压或缺货风险；还能依据市场需求变化，及时调整产品结构，提高生产效率。这种信息与资源的互补效应，不仅极大地提升了企业的运营效率，还如同给企业的成本做了一次深度"瘦身"。交易成本的降低，让企业在市场竞争中拥有了更大的价格优势和利润空间，能够以更具竞争力的价格吸引客户，在市场的浪潮中乘风破浪，稳步前行。

此外，借助先进的网络技术，交易信息能在极短时间内被传递，为所有参与交易的各方提供了极大便利。这种高效的营销模式不受时间和空间的束缚，极大地削减了交易成本。

（三）企业改善客户关系

在当今竞争日益激烈的市场环境中，多数企业都必须秉持"客户至上"的服务理念。为稳固自身在市场中的地位，企业将客户需求置于核心位置，尽可能满足客户的各项要求。通过实施网络营销策略，企业能够在网上公开订货详情、技术水平、服务内容及商品信息等，确保客户可以获取详尽信息，并享受到快速便捷的服务渠道。

借助网络营销的力量，企业不仅能够突破时间与空间的限制，还能更贴合客户的个性化需求，显著增强企业与客户之间的互动关系，从而大幅提升客户的忠诚度。当前，无论是国内还是国外的企业，都开始重视并推广客户关系管理（CRM），这一管理环节逐渐成为企业运营中的关键部分，其核心是以客户为中心进行营销管理。通过利用网络营销工具，企业能够更高效地开展客户关系管理工作，在互联网环境下更便捷地理解客户需求，并迅速响应和决策。

三、网络营销驱动企业经济管理创新升级

（一）锚定精准市场坐标

在网络营销的浪潮中，中小型公司若想崭露头角，精准的市场定位堪称首要"导航仪"。网络营销作为当下极具活力与潜力的营销模式，其发展规模不断壮大，未来前景一片光明。面对这片机遇与挑战并存的"新大陆"，中小企业必须先进行深入且全面的"自我剖析"。

深入洞察自身优势与短板，是开启网络营销成功之门的钥匙。互联网宛如一座信息宝库，为线上营销铺设了众多"高速公路"，渠道选择丰富多样。但在如今消费者主导市场的大环境下，他们的期望与要求不断提高。中小企业必须清晰认识到这一变化，重新审视自身在市场中的位置。只有找准定位，才能在茫茫网络市场中脱颖而出，既满足消费者日益严苛的需求，又能让自身的产品与服务精

准触达目标客户群体。精准定位不仅能让企业的销售业绩节节攀升，更能像强力扩音器一样，提升品牌在市场中的知名度，在消费者心中留下深刻印记。

（二）构筑科学营销思维大厦

科学的营销理念，是企业在网络营销海洋中破浪前行的坚固"船帆"。它并非一成不变的刻板规则，而是紧密贴合企业当下实际情况，同时又能敏锐捕捉时代脉搏、与时俱进的灵动策略。网络营销蕴含着无尽宝藏等待挖掘，庞大的网络用户群体更是一座潜力无限的"富矿"。

对于中小型公司而言，构建合理的营销思维迫在眉睫。这要求企业深入市场调研，仔细探寻广大消费者的偏好与需求。广泛收集相关信息后，精心搭建消费者数据库，借助大数据分析这一强大"武器"，企业能够精准洞察消费者内心，向他们提供契合需求的产品与服务。并且，绝不能忽视售后服务这一关键环节，优质的售后服务能极大提升消费者的满意度与忠诚度。

（三）锻造网络营销人才铁军

人才，无疑是推动企业发展的核心"引擎"，在企业的技术进步与方案整合进程中，发挥着无可替代的关键作用。在网络营销领域，这一重要性更是被无限放大。企业若想在这片领域深耕细作、收获硕果，就必须加大对人才吸引与培养的投入力度。

以企业自身独特的发展理念为指引，营造良好的人才成长环境，吸引各类优秀人才汇聚。从事网络营销的员工，需具备多方面能力，不仅要掌握扎实的网络知识，熟悉网络架构，还要具备精湛的技术能力，能够灵活驾驭网络平台，随时随地将企业文化传播出去。

销售人员在挖掘潜在用户群体、提升服务体验、打响企业品牌知名度方面，扮演着举足轻重的角色。对于中小型公司来说，储备大量综合能力过硬的人才至关重要。这些人才既要精通营销知识，又要时刻关注市场经济未来的走向。企业应积极拓宽人才引进渠道，大力引进网络营销领域的专业人才，充实人才队伍。比如招聘电子商务及相关专业的优秀毕业生，为企业注入新鲜血液，并针对他们制定系统的培训计划，涵盖营销知识、网络技术等多方面内容。同时，完善激励机制，鼓励新员工不断学习新知识，持续提升个人素养与营销技能。

（四）开启网络营销创新之旅

在当今这个创新为王的时代，创新是企业持续发展的根本动力源泉。随着网络技术深度融入市场营销，智能手机等移动设备快速更新换代，成为人们生活中不可或缺的"伙伴"。这些互联网终端设备的普及，改变了消费者获取信息与购物的方式。中小企业在发展过程中，如何快速吸引消费者的眼球，促使他们产生消费行为，成为亟待解决的问题，而创新则是破题之钥。

企业通常从以下两个方向开启创新征程：一方面，改进营销方法。深入挖掘企业自身独特的营销特色并展现出来，同时优化宣传链接，提高点击率与访问频率，使企业在网络营销的"信息流"中脱颖而出；另一方面，善于利用现有平台。与百度、搜狗等知名搜索引擎合作，借助它们强大的搜索流量，提升企业品牌的曝光度。充分发挥微信公众号、微博等社交平台的优势，加强与消费者的互动交流，拉近企业与消费者之间的距离，让品牌在消费者心中扎根。

第六章 企业市场营销策略与经营决策分析

第一节 企业市场营销策略

在现代企业复杂的运营体系中,市场营销虽占据关键地位,但并非高高在上、凌驾于其他职能之上。它仅是企业众多职能活动中的重要一环,与战略决策层面有着本质区别。市场营销宛如一座桥梁,横跨在企业与市场之间,其核心使命在于深入剖析市场动态,精准识别那些影响企业运营的关键变量,进而引领企业紧紧围绕市场需求,有条不紊地开展经营活动。鉴于现代企业运营强调系统性与整体性,市场营销所产生的影响,如同涟漪一般,自然地扩散至企业的各个角落,渗透到每一个层面。

在特定的市场环境中,企业若想稳健前行,就必须坚守以满足顾客需求为核心的经营理念,这已成为企业发展的不二法则,也是放之四海而皆准的普遍要求。这一理念并非仅在某个部门或某个层级得以体现,而应像血液一样,流淌在企业的每一个细胞之中,贯穿于企业的各个层次与部门。例如,从企业财务维度来看,需要全体员工牢固树立成本与效益意识,时刻关注每一笔资金的流向与价值创造;从产品研发的视角审视,各部门必须齐心协力,为产品的创新与成功推广贡献力量。在这样的企业运营框架下,市场营销并非一枝独秀,而是与其他职能协同共进,共同推动企业朝着满足市场需求的方向发展。

市场营销活动作为企业整体经营活动的有机组成部分,其每一项决策、每一个计划,都必须与企业的总体战略规划高度契合,犹如齿轮与齿轮之间紧密咬合,丝丝入扣。首先,企业需依据社会分工的特点以及自身性质,清晰界定自身的基本任务,即明确企业的目标与宗旨,这是企业发展的基石与指南针。在此坚实基础之上,企业深入研究市场实际状况,审慎确定或适时调整自身的业务组合,确保企业的业务布局能够精准匹配市场需求。紧接着,根据既定的业务组合,精心制定与之相适应的战略计划。而在这一总体战略的引领下,市场营销部门以及其他各职能部门,纷纷依据自身职责,制定出具体的行动计划。

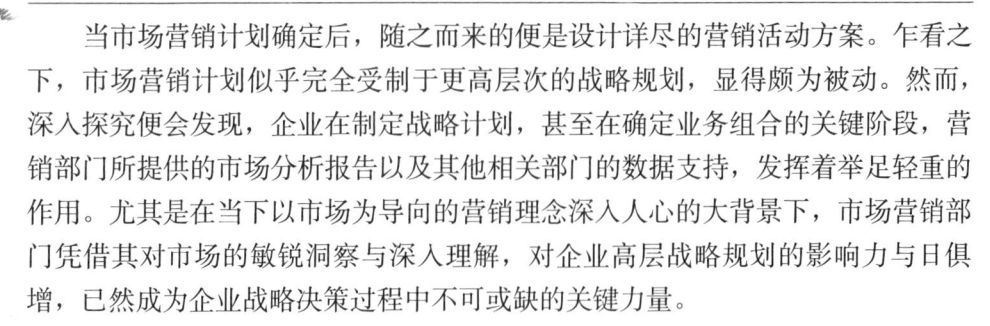

当市场营销计划确定后,随之而来的便是设计详尽的营销活动方案。乍看之下,市场营销计划似乎完全受制于更高层次的战略规划,显得颇为被动。然而,深入探究便会发现,企业在制定战略计划,甚至在确定业务组合的关键阶段,营销部门所提供的市场分析报告以及其他相关部门的数据支持,发挥着举足轻重的作用。尤其是在当下以市场为导向的营销理念深入人心的大背景下,市场营销部门凭借其对市场的敏锐洞察与深入理解,对企业高层战略规划的影响力与日俱增,已然成为企业战略决策过程中不可或缺的关键力量。

一、价格策略

在市场营销实践中,设定和实施价格策略至关重要。价格不仅深刻影响着市场营销组合中的其他要素,还与各类营销手段协同作用,助力达成营销目标。作为企业竞争武器库中的关键利器,价格的合理性直接关乎其产品或服务的市场接受度。鉴于市场价格与供需之间的互动往往具有不可预测性,在制定价格策略时,必须将科学理论与实际操作经验有机结合。依据不同的定价考量,我们可将定价方式归纳为三个主要类别。

(一)成本导向定价

成本导向定价,是企业定价策略中的一种基础模式,其核心思路是以产品成本作为定价的关键依据,同时兼顾其他相关要素来确定产品价格。由于不同产品的成本构成、利润核算方式各异,成本导向定价衍生出了多种具体形式。

1. 成本加成定价法

成本加成定价法堪称一种简洁直观的定价策略。其操作方式是在单位产品成本的基础上,叠加预先设定好的利润额度,以此确定产品的销售价格。也就是说,产品售价与成本之间的差额,便是企业期望获取的利润。由于这部分额外利润通常按固定比例计算,在商业习惯上,该比例被称作"成数",故而得名成本加成定价法。

运用成本加成定价法,企业需着重完成两个关键环节。其一,务必精准核算成本,一般以平均成本作为核算基准。其二,依据产品的需求弹性及特性,合理设定利润率(即"成数")。不过,倘若企业的产品线繁杂多样,难以精确估算各产品的平均成本,或者企业在市场中的话语权较弱,缺乏足够的市场控制力,那么这种定价方法的适用性便会大打折扣。在实际应用场景中,成本加成定价法又可细分为以下两种情形。

(1)总成本加成定价法。企业生产产品所耗费的全部成本,即总成本,由固定成本与变动成本共同构成。在单位产品的总成本之上,加上一定比例的利润,便形成了产品的销售价格。在具体计算时,存在两种不同路径:①顺加成法,它以单位产品的总成本为起点，按照预先设定的比例确定毛利额；②逆加成法，从设定的销售单价出发，反向推算毛利额。由于这两种方法的计算基础不同，前者基于成本，后者基于售价，所以最终得出的毛利水平会有所差异，产品定价自然也不尽相同。

（2）变动成本加成定价法。变动成本加成定价法，也被称为边际贡献定价法。此方法在定价时，仅将变动成本纳入考量范围，不涉及固定成本，然后在此基础上加上预期的边际贡献来确定产品价格。由于边际贡献可能低于、等于或高于变动成本，企业运用该方法定价后，可能面临亏损、保本或盈利三种截然不同的经营状况。在市场竞争异常激烈的环境下，这种定价方法较为常用。因为若采用总成本加成定价法，可能致使产品定价过高，进而抑制产品销量，造成库存积压。相较而言，变动成本加成定价法往往能制定出更低的价格，有助于企业迅速抢占市场份额。尤其是当产品需要降价促销时，该定价策略的优势更为凸显。只要产品售价不低于变动成本，企业便可以维持生产；反之，若售价低于变动成本，那么企业生产越多，亏损便越严重。

2. 目标利润定价法

企业采用目标利润定价法时，会先明确期望达成的目标利润，将其与总成本相加，再除以预计的总产量，从而得出单位产品的销售价格。这种定价方法适用于产品市场潜力巨大、需求受价格波动影响较小的情形，能够确保所定价格符合市场接受程度。

（二）需求导向定价

需求导向定价法，是企业在制定或调整产品及服务价格时，主要依据社会对这些产品或服务的需求状况，同时兼顾企业自身的营销成本以及市场竞争态势。该方法着重强调依据市场需求的变化灵活定价。由于影响需求的因素纷繁复杂，诸如消费者的消费习惯、收入水平、对特定产品或服务的需求强度以及价格弹性等，企业会根据这些因素的重要程度，采取不同的定价策略。基于对各类需求相关因素的侧重不同，形成了多种具体的需求导向定价法。

1. 习惯定价法

对于一些长期被消费者使用的产品或服务，消费者已对其属性和价格形成了固定认知。当企业开发的新产品或新品种，其核心功能和用途未发生改变时，消费者通常期望以原有价格进行购买。因此，经营此类产品或服务的企业，在价格调整方面需格外谨慎。降价可能引发消费者对产品质量的质疑，涨价则可能削弱产品的市场竞争力，导致销量下滑。

2. 可销价格倒推法

商品的可销价格，是指消费者或采购企业普遍认可并习惯接受的价格区间。

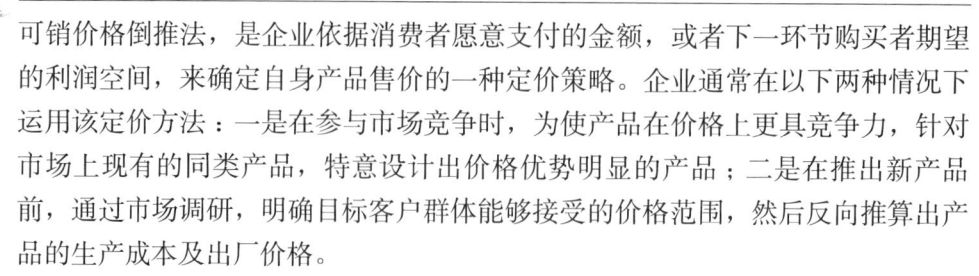

可销价格倒推法,是企业依据消费者愿意支付的金额,或者下一环节购买者期望的利润空间,来确定自身产品售价的一种定价策略。企业通常在以下两种情况下运用该定价方法:一是在参与市场竞争时,为使产品在价格上更具竞争力,针对市场上现有的同类产品,特意设计出价格优势明显的产品;二是在推出新产品前,通过市场调研,明确目标客户群体能够接受的价格范围,然后反向推算出产品的生产成本及出厂价格。

3. 认知价值定价法

认知价值定价法是企业依据买方对产品或服务价值的认知来定价,而非单纯依据自身成本结构。在实际市场中,对于某些创新型产品,消费者由于缺乏同类产品的参照,难以迅速准确评估其价值。企业设定较低利润空间时,消费者可能仍觉得价格偏高;反之,即便企业设定较高目标利润,消费者也可能认为价格合理甚至偏低。这里涉及消费者对产品的"认知价值"。认知价值定价法实际上是借助市场营销组合中的非价格因素,如产品质量、客户服务、广告宣传等,影响消费者的认知,帮助他们对产品的功能、质量及档次形成大致"定位",进而依据这种定位确定产品价格。

(三)竞争导向定价

竞争导向定价,是企业依据市场上同类产品或服务的竞争状况来确定价格的一种方法,企业根据竞争态势灵活制定定价策略。在当今的市场营销实践中,这种定价方法已被广泛应用于企业的定价决策过程。

1. 通行价格定价法

通行价格定价法,通常也被称作随行就市定价法,其定价依据是行业内的平均价格水平或者主要竞争对手的价格。在竞争激烈、同行众多的市场环境下,若某企业产品价格高于其他竞争对手,极有可能导致销售额大幅下降,进而影响企业利润。而且,高价策略还可能引发竞争对手的降价反击,削弱自身竞争优势。在实际营销活动中,由于消费者普遍认为"平均价格水平"较为合理,易于接受,同时这种定价方式能使企业获取与竞争对手相近的利润水平,因此众多企业倾向于与竞争对手保持价格一致。特别是在少数大型企业主导市场的格局下,大多数中小企业因自身市场竞争能力有限,更不愿与大企业在价格上正面交锋,而是选择跟随大企业的定价策略,依据大企业的销售价格来调整自身产品价格,以此避免直接价格冲突,维持市场份额。

2. 竞争价格定价法

竞争价格定价法与通行价格定价法不同,它是一种更具主动性的竞争策略,通常由实力雄厚或产品独具特色的企业采用。该方法的实施步骤如下:首先,企业将市场上竞争对手的产品价格与自身预估价格进行对比,划分为高于、低于和一致三个等级；接着，对自身产品在性能、质量、成本、设计风格及生产能力等方面与竞争对手进行详细比较，深入剖析导致价格差异的各种因素；然后，基于综合评估结果，明确本企业产品的独特卖点、竞争优势及市场定位，并据此制定符合企业定价目标的价格；最后，持续关注竞争对手价格动态，及时分析价格变动原因，根据市场变化灵活调整自身产品价格。

3.密封竞标定价法

密封竞标定价法主要应用于投标交易场景。在同类且质量相当的产品竞争中，价格较低者往往更具竞争优势。在市场营销活动中，投标竞争是企业间常见的竞争形式之一，投标过程很大程度上就是价格博弈的过程，最终竞争结果决定实际成交价格。

企业参与竞标时，通常期望中标，而中标的关键在于报价相较于竞争对手是否具备优势。因此，在制定投标报价时，企业需尽可能精准预测竞争对手的价格策略，并在此基础上准确估算完成项目所需成本，进而确定最优报价。一般来说，较高的报价虽可带来更大利润空间，但会降低中标概率；若因报价过高未中标，预期利润便无法实现。相反，较低的报价虽能增加中标可能性，但可能导致利润微薄，甚至机会成本高于其他投资选择。所以，在报价时，企业需在追求目标利润与考虑中标概率之间寻求平衡（中标概率的评估依赖于对竞争对手的了解程度以及对自身企业能力的准确判断）。理想的报价应是在确保尽可能高的预期收益前提下所设定的价格。

在实际的市场营销活动中，企业拥有丰富多样的定价方法可供选择。每种定价方法都有其独特的特点和适用条件，且各方法之间可相互补充。因此，企业在定价过程中，应全面综合考量成本、市场需求以及竞争态势等因素，灵活组合运用不同的定价策略，以实现最佳的定价效果。

二、渠道策略

在市场运作过程中，极少有产品是由制造商直接交付给终端客户的。从制造商到最终用户之间，存在着一系列承担不同职责且有着不同称谓的营销中介组织。分销渠道，即我们所说的营销路径，是指商品从生产商转移到最终消费者或使用者所经历的一系列步骤和阶段；也可以理解为，在企业将商品推向市场、直达最终买家的过程中，所依赖的各类中介机构构成的整体。在整个流通体系中，制造商销售商品构成了渠道的开端，而消费者的购买行为则标志着渠道的结束。

营销渠道的选择是企业必须慎重考虑的关键策略之一。其重要性不仅体现在它对所有其他营销活动有着直接影响，还在于一旦选定渠道模式，就相当于企业对外作出了一种较为长期的承诺，这种承诺在一定时间内难以轻易更改，这是因为渠道结构中存在一种维持现状的强大惯性。

鉴于渠道对企业的重要性及其一旦设定后不易变更的特点，企业在初期规划渠道时务必力求周全和优化。在构建渠道的过程中，企业需考量诸如渠道的层级深度、覆盖广度以及不同渠道间的协作方式等多种因素。

（一）渠道的长度策略

在深入探讨渠道的长度策略之前，明晰渠道层级这一基础概念至关重要。渠道层级，简单来讲，就是产品从生产源头流转至最终消费者手中所历经的中间环节数量。每一个在产品流转过程中，参与产品所有权转移并承担特定角色的中间商，都构成了一个渠道层级。需要特别指出的是，生产者和最终消费者，因其在产品流通中各自发挥着不可替代的职能，同样被视作渠道的重要组成部分。而我们通常所提及的渠道"长度"，实际上是以中间机构的层级数量来衡量的，具体可作如下分类。

1. 零级渠道

也就是我们常说的直销模式。在这种模式下，产品从生产者直接抵达消费者手中，全程无需任何中间环节的介入。常见的零级渠道形式丰富多样，像上门推销，销售人员直接与消费者面对面沟通产品信息，促成交易；邮购服务，消费者通过邮寄订单购买产品；制造商直营店铺，消费者可以在品牌专属的店铺内挑选心仪商品；电视购物，借助电视媒体展示产品，消费者通过电话等方式下单；以及如今蓬勃发展的电子商务，消费者在网络平台上完成购物。

2. 一级渠道

此渠道包含一个销售中介。在面向消费者的市场环境中，这个中介角色大多由零售商担当。比如我们日常购买生活用品的超市、便利店等，它们从上游供应商处采购商品，再销售给消费者。而在工业市场领域，这些中介更多是销售代理或者经销商，他们凭借自身的专业能力和资源，将工业产品销售给下游企业用户。

3. 二级渠道

涉及两个中介环节。在消费者市场，常见的组合模式是一个批发商搭配一个零售商。批发商从生产者处大量采购产品，再分发给各个零售商，零售商最终将产品销售给消费者。在工业领域，可能是工业分销商与若干经销商相互协作，工业分销商负责从生产企业批量采购产品，再由经销商将产品销售给具体的工业用户。

4. 三级渠道

包含三个中介层次，一般是由批发商、专业批发商（中转商）以及零售商共同构成。批发商从生产者处采购产品，专业批发商（中转商）进一步对产品进行分销，零售商最终将产品推向市场。不过，从实际情况来看，尽管理论上存在更多层级的渠道，但由于在产品流通效率、成本控制等方面存在诸多挑战，在现实中并不常见。

对于生产者而言，渠道层级的增加，往往会导致控制难度呈几何倍数上升。因此，生产者通常更倾向于与距离自己最近的一级中间商建立紧密联系。企业在制定渠道长度策略时，会全面综合产品特性、市场形势以及企业自身实际状况等多方面因素，来确定最为适宜的渠道层级。举例来说，对于那些技术含量颇高、需要大量售前售后服务支持的产品，像高端的医疗器械，以及对保鲜要求极为严苛的产品，比如新鲜的海鲜，企业通常会选择较短的渠道，这样能够更好地把控产品的销售过程，为消费者提供更优质的服务。而对于单价亲民、规格统一的日常消费品，比如卫生纸、方便面等，长渠道分销模式则更为合适，因为它能够借助众多中间商的力量，将产品广泛铺货至各个销售终端，满足消费者随时随地购买的需求。从市场角度分析，当目标客户群体数量有限且地理位置相对集中时，例如某些高端定制产品，其目标客户主要集中在特定区域的少数人群，短渠道能够更精准地触达客户。相反，若客户分散广泛，如大众日常用品，长渠道则能够更好地实现市场覆盖。此外，企业自身的规模与推销能力也是决定渠道长度的关键因素。实力雄厚、拥有强大销售团队的企业，例如大型汽车制造商，往往有能力直接面向消费者销售产品，减少中间环节，降低成本，提升利润空间。而规模较小、资源有限的企业，则更倾向于借助众多中间商的力量，构建较长的渠道体系，通过广泛的渠道网络来扩大产品的销售范围。

除了上述因素之外，企业渠道层级的设置还会受到经营策略、员工能力、国家政策与法规等多重因素的影响。以美国施乐公司为例，其在全球多数地区凭借自身强大的实力和品牌影响力，采用直销模式销售复印机，能够有效控制产品销售和服务质量。然而，在中国市场，由于受到当地市场环境、政策法规等多种因素的限制，不得不通过经销商进行复印机的分销，以适应当地市场的实际情况。

（二）渠道的宽度策略

渠道宽度，指的是企业在特定市场上同时启用的中间商数量。企业在规划渠道宽度策略时，主要有以下三种选择。

1. 独家分销

独家分销策略是指企业在特定的地理区域和规定的时间段内，仅选定一家中间商来负责产品的销售或代理工作，并赋予该中间商独占性的经营权利。这种分销方式在所有分销渠道形式中，具有极高的专一性。对于生产和销售高端品牌商品、奢侈品以及技术复杂且价格较高的工业用品的企业来说，独家分销策略具有独特的优势。例如，像爱马仕这样的奢侈品品牌，在某一城市仅设立一家专卖店，由其独家负责品牌产品的销售。通过这种方式，能够极大地激发中间商的积极性与责任感，因为其独占该区域的销售权，销售业绩直接与自身利益紧密挂钩。然而，独家分销的局限性也不容忽视。一方面，由于仅依靠一家中间商，市场覆盖范围相对有限，可能无法触达所有潜在客户。另一方面，存在一定的风险，如果这唯一的中间商经营不善，比如出现资金链断裂、管理混乱等问题，或者遇到不可预见的突发状况，如自然灾害、政策变动等，可能会严重影响企业在该地区的市场拓展计划，甚至导致企业在该区域的市场份额大幅下降。

2. 广泛分销

广泛分销，也被称为密集型分销，是指企业尽可能多地利用多个中间商来分发产品，以此扩大销售渠道的宽度。对于那些单价较低、购买频率高的日常消费品，或是工业领域内的标准件和通用小型工具等产品来说，这种分销方式非常适用。广泛分销的最大优点就是能确保产品的市场覆盖面广，使潜在消费者有更多机会接触到商品；然而，它的缺点也不容忽视，即中间商可能缺乏足够的积极性和责任感。

3. 选择性分销

选择性分销位于独家分销与广泛分销之间，是一种折中的渠道策略，它涉及挑选一部分中间商来销售公司的产品。这一方法特别适合于消费市场的选购品、工业领域的零部件，以及某些机械设备等产品。其他类型的产品制造商也可以考虑使用选择性分销。当选择了合适的中间商时，选择性分销能够融合独家分销和广泛分销的优点。

（三）渠道的联合策略

分销渠道并非固定不变，随着市场环境的演变，新的批发和零售模式持续涌现。在一些发达国家，分销渠道正经历着向现代化与系统化的转变，逐渐形成了一系列新型的渠道体系。接下来，我们将探讨垂直营销系统、水平营销系统以及多渠道营销系统的兴起及其演变过程。

1. 垂直营销系统的演进历程

在市场营销渠道的发展长河中，近年来垂直营销系统的蓬勃兴起，无疑是一次意义深远的重大变革，与传统营销渠道模式形成了极为鲜明的对照。在传统营销模式里，营销渠道宛如一盘散沙，由各自为政的生产者、批发商以及零售商拼凑而成。这些处于不同环节的企业，各自作为独立的经济实体，满心满眼皆是自身利润的最大化，有时甚至为达目的，不惜以牺牲整个营销系统的整体效益为代价。在这样的架构之下，渠道成员之间缺乏有效的掌控力，没有任何一方能够对其他成员实施全面且有力的管控。所以，传统渠道更像是一个松散的合作联盟，各成员在其中更多地关注自身得失，鲜少着眼于整个系统的协同发展。

反观垂直营销系统，它则是生产者、批发商与零售商深度融合的有机统一体。在这个体系中，成员之间的联系紧密而多元，有的通过产权纽带，实现了所有权的归属统一；有的借助特约代理协议，建立起稳固的合作关联；还有的凭借强大的市场影响力，吸引其他成员积极参与合作。至于在这个系统中占据主导地位的角色，既可能是生产者，也可能是批发商，抑或是零售商。垂直营销系统的显著特征在于，构建起了一个专业化管理、集中化协调的网络组织架构。通过这种架构，能够有规划、有步骤地达成规模经济效益，实现市场表现的最优化。该系统在统一管理渠道活动方面优势尽显，有效减少了因成员各自为战、追逐私利而引发的冲突矛盾。并且，借助规模化运营、强大的谈判筹码以及精简高效的服务流程，极大地提升了整体运营效率。这种先进的模式在西方国家备受青睐，已然成为市场运营的主流之选，引领着行业发展的新潮流。

2. 水平营销系统的发展态势

水平营销系统，实则是由两家及以上的公司携手并肩，共同致力于挖掘特定市场机会的合作模式。参与其中的公司，或是因自身资本积累不足，难以独自承担大规模商业运作的资金压力；或是由于专业技能欠缺，在复杂多变的市场环境中力不从心；又或是生产能力受限，无法满足市场的需求；抑或是营销资源匮乏，难以在激烈的市场竞争中脱颖而出，故而无法独立开展商业活动。当然，还有一些公司敏锐地察觉到，与其他企业联合能够催生强大的协同效应，更高效地把握市场机遇，实现互利共赢。这种公司间的合作形式极为灵活多样，既可以是针对某个短期项目的临时携手，项目结束后合作关系随即终止；也能够发展成为长期稳定的战略合作伙伴关系，携手应对市场的风云变幻；甚至可能为了更好地整合资源、开展业务，专门成立一家全新的实体公司来进行专业化运作，这种合作形式也被称作共生营销。通过水平营销系统，各合作公司得以优势互补、资源共享，在合作中不断发展壮大，共同开拓更为广阔的市场空间。

3. 多渠道营销系统的发展趋势

往昔，众多公司习惯于依赖单一渠道来触达特定市场。然而，时移世易，随着消费者细分市场日益呈现出多元化的发展态势，加之可供选择的营销渠道如雨后春笋般不断涌现，如今越来越多的企业毅然踏上了多渠道营销策略的探索之路。所谓多渠道营销策略，即企业精心搭建两条及以上截然不同的营销渠道，以此更为高效地触达一个或多个目标客户群体。蒂尔曼对多渠道零售组织有着精准的描述："这是一种所有权集中的多元化商业体系，通常由多种不同类型的零售实体汇聚而成，并在后台实现分配和管理功能的一体化高效运作。"

当下，多渠道营销系统引发了广泛的关注与热议，其中焦点之一便是是否会在渠道成员之间滋生"不公平竞争"的问题。尽管围绕这一争议的讨论仍在持续,但不可否认的是,通过对多渠道的有效整合,企业能够更加敏锐地感知市场需求的动态变化,灵活调整营销策略,极大地提升客户满意度,进而在激烈的市场竞争中稳扎稳打,持续增强自身的市场竞争力。多渠道营销系统已然成为企业顺应市场发展潮流、实现可持续发展的重要战略选择,助力企业在复杂多变的市场环境中披荆斩棘,开辟出一片崭新的发展天地。

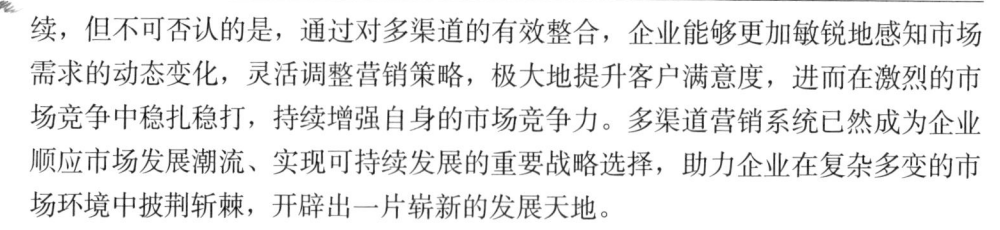

三、品牌策略

为确保品牌在市场营销中更高效地发挥作用,制定合适的品牌策略至关重要。

(一)品牌化决策

企业推出新产品时,面临的首个与品牌相关的决策,便是确定是否为该产品创建品牌。品牌建立涉及为企业产品设定独特的名称和标志,并通过注册登记获取商标专用权。不过,并非所有商品在现代市场中都必须拥有品牌。尽管品牌具有诸多优势,但创建品牌需投入成本,涵盖设计、制作、注册及广告费用,且存在品牌在市场上失败的风险。因此,若某些产品使用品牌在识别商品和促进销售方面的积极影响有限,建立品牌的成本可能超出其带来的收益,此时选择不为这些产品设立品牌或许更为明智。

不使用品牌的情况通常适用于以下几类商品:①那些不会因制造商不同而产生质量差异的商品,如电力、煤炭和木材等;②消费者习惯上无需通过品牌来辨识的商品,像食用油和卫生纸等;③生产工艺简单、技术标准不高或为临时性、一次性生产的小商品,例如小型农具、橡皮筋和纽扣等。

在当今西方市场,可观察到两种相反的趋势:一方面,许多传统上无品牌的商品开始走向品牌化。例如,食盐被装入特制包装以标识制造商,柑橘则贴上种植者的名称标签;另一方面,在欧美超市里,无品牌产品逐渐崭露头角,如卫生纸、肥皂和意大利面等家庭日用品和食品。这些无品牌商品通常价格更低,对消费者颇具吸引力,给品牌商品带来了挑战。

(二)品牌归属决策

在产品品牌建设过程中,一旦制造商决定为产品打造品牌,便会面临品牌归属方向的抉择,主要有以下三种路径可供选择。

1. 制造商品牌

制造商品牌,也称作生产者品牌或者全国性品牌。在以往国内外市场的发展历程中,它一直占据主导地位。产品的质量特性在很大程度上取决于制造商的把控,正因如此,绝大多数制造商热衷于使用自身品牌。制造商拥有的注册商标,是工业产权的关键组成部分。那些在市场中享有盛誉的知名品牌，有时会授权给其他企业使用，不过通常会收取一定数额的特许权使用费。在市场中，制造商品牌凭借较高的知名度以及消费者的高度信任，如同强劲的助推器，有力地提升了产品在市场竞争中的优势地位。以苹果公司为例，其品牌在全球范围内拥有极高的辨识度和忠诚度，消费者对苹果品牌的信赖促使他们更愿意购买苹果旗下的各类产品，使得苹果产品在激烈的电子产品市场竞争中始终占据领先地位。

2. 经销商品牌

近年来，一个显著的市场现象是，越来越多的大型零售商和批发商投身于自有品牌的打造，这类品牌被称为经销商品牌，也叫中间商品牌或者私人品牌。诚然，推行这一策略并非一帆风顺，面临诸多挑战。例如，中间商需要投入更多资金用于大批量采购产品以满足市场需求，同时还要储备一定量的库存，这无疑增加了资金压力。此外，为提升私人品牌的知名度，中间商还需加大广告宣传投入。而且，品牌能否被消费者接纳始终存在风险。然而，经销商品牌的潜在优势同样不可小觑。中间商往往能敏锐发现产能过剩的企业，与之合作生产自有品牌产品。通过这种合作，有效降低了产品的生产和流通成本。成本的降低使中间商在定价方面拥有更大灵活性，能够以更低价格将产品推向市场，吸引更多消费者购买，实现销售额增长和利润提升。再者，拥有自有品牌的中间商在价格把控以及与制造商的合作博弈中拥有更强话语权，并且能更高效地利用有限的货架空间，优先展示自家品牌产品，进一步增强品牌影响力。尽管存在风险，但鉴于上述优势，众多中间商依然积极投身于自有品牌的发展与运用，期望借此提升自身盈利能力。对于制造商而言，在决定是坚守制造商品牌，还是采用中间商品牌时，必须全面考量品牌在市场中已建立的声誉，以及不同品牌策略可能带来的经济效益。例如，一些小型制造商由于自身品牌知名度有限，可能会选择与大型零售商合作，为其生产贴牌产品，借助零售商的品牌优势打开市场，同时积累自身的生产经验和资金实力。

3. 制造商品牌与经销商品牌结合运用

这种综合性的品牌运用策略，具体可细分为以下三种情形。

第一，并行策略。在并行策略下，制造商品牌与经销商品牌如同两条并行的轨道，互不干扰且相辅相成，各自充分发挥独特优势。该运作模式一方面能持续巩固制造商品牌在市场中的影响力，另一方面可借助经销商品牌在特定区域或消费群体中的优势，进一步拓宽市场边界，扩大产品的市场份额。例如，某知名饮料制造商在全国范围内以自身品牌推广和销售产品的同时，与部分地区的大型经销商合作，推出经销商定制品牌的产品。在当地市场，经销商品牌产品凭借经销商对本地市场的深入了解和强大销售网络，获得较高市场占有率，与制造商品牌产品共同提升了该饮料在当地的市场影响力。

第二，选择性使用策略。制造商采用选择性使用策略时，会审慎筛选部分产品使用自有品牌，集中资源塑造品牌形象。而对于其他产品，则选择批量销售给经销商，由经销商贴上其自有品牌进行市场推广和销售。通过这种灵活策略，制造商既能借助经销商的渠道优势拓宽产品销售范围，又能在合适产品上逐步树立自己的品牌形象。例如，一家服装制造商对于一些设计独特、品质上乘的高端服装系列，采用自有品牌销售，通过精心的品牌推广和高端店铺陈列打造品牌高端形象。而对于一些基础款、大众化的服装产品，则批量销售给大型超市等经销商，由经销商以自有品牌销售，利用经销商的广泛渠道实现产品的大规模铺货和销售。

第三，市场进入策略。当制造商面对全新市场领域时，市场进入策略为其提供了一种稳健的市场开拓方式。在进入新市场初期，制造商借助经销商品牌作为打开市场的突破口。由于经销商在当地市场往往拥有成熟销售渠道和一定客户基础，能帮助制造商的产品迅速进入市场，被消费者知晓。待产品在市场中逐渐站稳脚跟，赢得消费者认可和青睐后，制造商再适时将品牌转换为自有品牌。这种循序渐进的方式有效降低了制造商进入新市场的风险，同时为自有品牌在新市场的发展逐步积累品牌认知度。比如，某国外化妆品品牌在进入中国市场初期，与国内知名的美妆连锁零售商合作，以零售商的自有品牌推出部分产品。随着对中国市场的深入了解和消费者对产品认可的不断提升，该化妆品品牌逐渐将产品转换为自有品牌销售，成功在中国市场建立了品牌影响力。

（三）品牌质量决策

品牌的品质体现在其产品展现出的实际质量上，涵盖可靠性、准确性、便捷性以及耐久性等多方面的综合表现。其中部分特性可通过客观测试和评估得出结论，但从营销学角度而言，品牌质量更多依赖于消费者的主观体验和感知。

制定品牌质量策略时，必须充分考虑产品实际情况与市场定位，同时深入理解消费者对产品的感受及其在市场中的位置。因此，需重点关注两个方面：一是确定品牌初期应建立的质量标准，即选择低、中、高哪个层级；二是根据时间推移和市场变化，动态管理和优化品牌质量。

（四）家族品牌决策

制造商决定使用自有品牌后，还需考虑是为各类产品分别创建不同品牌，还是采用统一品牌或少数几个品牌。通常有以下四种策略可供选择。

1.个别品牌

即对各种产品分别采用不同品牌。例如，上海牙膏厂拥有"美加净""黑白""玉叶"和"庆丰"等多个品牌。这种策略能清晰区分不同档次的产品，便于消费者根据需求选择满意产品，且个别产品的声誉问题不会影响其他产品或企业的整体形象。此外，企业可为每个新产品挑选最适合的品牌名称来吸引顾客。不过，品牌过多可能分散广告效果，增加被消费者遗忘的风险。

2. 家族品牌

对所有产品采用一个统一品牌，即家族品牌。家族品牌通过品牌扩展策略形成。所谓品牌扩展，指企业将其品牌应用于不同领域、差异较大的多种产品中，形成覆盖范围广泛的"家族"品牌体系。美国通用电气公司（GE）是这一策略的典范。作为多年稳居世界500强前列的企业巨头，通用电气将"GE"品牌广泛应用于从飞机发动机、广播服务、军事电子设备、电机及工厂自动化系统到照明解决方案、铁路机车、家用电器乃至金融服务等多个截然不同的行业。这种做法的优势在于，能降低新品牌创建和广告宣传成本，帮助新产品更快速、稳定地进入市场，并增强企业的整体影响力和知名度。

3. 不同类别产品使用不同品牌

当企业涉足差异显著的不同产品类别时，不宜统一使用相同的家族品牌，而应对这些产品进行品牌区分。例如，美国的斯威夫特公司在肥料和火腿这两种完全不同的产品线上，分别采用了"费哥若"（Vigoro）和"普瑞姆"（Premium）两个独立的品牌名称，这样做既能保留单个品牌的优势，又能享受到家族品牌策略带来的好处。

4. 产品品牌前加公司名称

另一种方法是在各个产品的单独品牌名称前加上公司名称，以增强产品的权威性和信誉度，同时让每个品牌保持其独特性。例如，通用汽车公司在其生产的各种轿车系列中分别使用了"别克""卡迪拉克""庞蒂亚克"等不同品牌，并在每个品牌名称前加上"GM"标识，以此表明它们均为通用汽车的产品。

（五）品牌延伸决策

品牌延伸决策涉及企业利用已有成功品牌推出改良产品或全新产品。在此过程中，需区分品牌延伸与品牌扩展这两个概念，它们含义不同。品牌延伸指在同一或相关产品领域推出新产品时使用现有品牌名称；而品牌扩展意味着将品牌应用于差异较大的全新产品领域。

品牌延伸主要体现在两个方面。一方面，企业先推出某一品牌的产品，随后在同一品牌下陆续推出经过改进的新版本或附加更多价值的新产品。例如，从初代产品开始不断迭代更新，每次推出都带有新的改进和优势。另一方面，品牌延伸也包括利用已成功的品牌名称推广全新的产品类别。比如，本田公司曾以其知名的"本田"品牌推出新型割草机。采用品牌延伸策略的好处在于，可帮助制造商节省大量原本用于促销新品牌的成本，并加速新产品被市场接受的过程。对于拥有强势品牌的企业而言，通过品牌延伸不仅能巩固和发展其市场地位，还能有效保护该品牌的长期价值。

（六）多品牌决策

多品牌策略指在同一类产品中使用两个或更多不同品牌。制造商选择同时运营多个竞争品牌的原因如下。①通过增加自有品牌的货架展示面积，间接限制竞争对手的陈列空间。②提供多种品牌选项可吸引在不同品牌间转换的消费者，扩大销售机会。实际上，大多数消费者并非对特定品牌绝对忠诚，而是会在不同品牌间选择。③不同品牌可针对不同市场细分吸引更广泛的消费群体，每个品牌都有可能找到自己的忠实用户群。④新品牌的创建和发展能激发企业内部的竞争意识和创新动力，提高整体运营效率。品牌经理们在相互竞争的同时也促进彼此成长，进而推动企业销售业绩增长。

不过，多品牌策略并非百利而无一害。若各个品牌在市场上只能占据很小份额，且缺乏高利润率的品牌，则可能导致资源分散和浪费。

（七）品牌再定位决策

品牌再定位指根据市场因素变化，对品牌的市场定位进行调整。当竞争对手的品牌靠近本企业品牌并夺走部分市场份额，或者消费者偏好发生变化，形成新的消费趋势，而现有品牌无法满足这些新需求时，企业可能需考虑对品牌进行再定位。例如，"七喜"饮料通过重新定位为"非可乐型饮料"，成功吸引大量消费者。

企业决定是否进行品牌再定位时，需慎重考量以下两个关键因素：①将品牌转移到新市场位置所需的成本，包括改进产品品质、更换包装以及广告宣传等费用。一般来说，重新定位幅度越大，即与原有定位差异越大，所需投入越高。同时，品牌形象改善需求越迫切，相应成本也会增加。②在新市场位置上，品牌能够获得的潜在收益。这取决于目标细分市场的规模、消费者的平均购买频率，以及该市场上竞争者的数量和实力等因素。

第二节　经营决策方法

简而言之，决策是在采取行动之前所做的抉择，即在面对多个可行行动方案时，挑选出一个最佳方案以实现特定目标。决策的特性主要体现在以下四个方面：首先，决策往往针对某个具体问题展开，这赋予了决策明确的目的性；其次，决策为行动指明方向，体现了其实际应用的必要性；再次，决策需要从多个备选方案中选出最优方案，凸显了方案的优选性；最后，决策是为应对即将出现的问题而制定的，而这些问题通常带有不确定性，所以决策具有一定的风险性。

决策的这四个特性——目的性、必要性、优选性和风险性，在决策过程中相伴而生，也常作为判断某一行为是否属于决策的重要依据。

一、确定型决策方法

确定型决策是指在对未来状态和信息完全明确且稳定掌握的情况下进行的决策。在此情形下，决策者可运用多种方法辅助决策，如价值分析、成本分析、资源利用分析和盈亏分析等。下面我们重点介绍盈亏分析法。

（一）盈亏分析法

在企业的决策分析领域，盈亏分析法占据着极为重要的地位。它还有盈亏平衡点分析或者"量—本—利"分析法等别称。其核心运作机制是深入剖析产品销售量、成本以及利润三者之间的紧密关系，进而精准评估不同决策方案对企业盈亏状况的影响，为企业从众多方案中筛选出最优解提供坚实有力的依据。

盈亏平衡点是整个盈亏分析体系中的关键节点。它描述的是在特定经营环境与条件下，企业所创造的销售收入恰好等同于其投入的总成本的一种特殊状态。处于这一状态时，企业既无盈利也无亏损，故而也被形象地称作盈亏临界点。以这一临界点为核心，诸多影响企业盈利的关键因素之间呈现出清晰且规律的内在联系。

其一，当盈亏平衡点稳定在某一水平时，销售量与企业的盈利状况紧密相连且呈正相关关系。具体而言，销售量越大，企业获得的盈利就越多，相应的亏损也就越少；反之，若销售量越小，企业的盈利便越少，亏损则越多。例如，一家生产文具的企业，在盈亏平衡点固定的情况下，若本月产品销售量比上月大幅增加，那么本月的盈利必然会随之显著增长；反之，若销售量锐减，亏损也将加剧。

其二，倘若销售量维持恒定，此时盈亏平衡点的高低就成为左右企业盈利水平的关键变量。盈亏平衡点越低，意味着企业在相同销售量下能够获取更多的盈利，亏损的可能性也随之降低；而盈亏平衡点越高，企业盈利的空间则会被压缩，亏损的风险增大。比如一家餐厅，在每日接待顾客数量基本固定的情况下，如果通过优化采购流程、降低食材成本等方式，成功降低了盈亏平衡点，那么餐厅的盈利状况将会得到明显改善；反之，若因租金上涨等因素导致盈亏平衡点升高，盈利就会减少。

其三，在销售收入既定的前提下，盈亏平衡点的高低主要由固定成本和单位变动成本这两大因素决定。固定成本和单位变动成本越高，就如同给企业的盈利之路设置了更高的门槛，盈亏平衡点也会相应升高；相反，当这两项成本降低时，盈亏平衡点也会随之降低，企业盈利的压力得以减轻。例如一家汽车制造企业，若生产设备的购置成本（固定成本）以及每辆车所需零部件的采购成本（单位变动成本）大幅上升，那么其盈亏平衡点必然升高；若通过技术创新提高生产效率，降低了单位变动成本，同时优化资产配置减少固定成本，盈亏平衡点就会降低。

1.产量、成本盈利关系的分析

企业盈亏的主要影响因素是产品的销售收入和总销售成本，这两者之间存在着与产量相关的特定关系。为更好地理解这种关系，我们可以在某些条件保持不变的情况下（例如产品价格和固定费用固定），研究产量、成本和盈利之间的静态关联。这意味着，在这些条件下，盈利和成本可以被视为产量的函数。

（1）产量和成本的关系：在分析成本与产量的关系时，通常将成本分为固定成本和变动成本两类。固定成本指的是在一定范围内（如生产能力内）不会因产量变化而改变的成本总额，例如固定资产折旧费和管理人员的工资。即使生产量很小或为零，这些成本也必须支付。相反，变动成本是指那些在一定条件下随产量变化而相应增减的成本，比如原材料采购成本和按件计酬的工资等。

（2）产量与销售收入的关系：在价格固定的情况下，销售收入会随着产量的增加而线性增长。如果我们设销售收入为 S，产品单价为 W，产量（或销售量）为 X，则销售收入的计算公式为：$S=W \times X$。

（3）盈利与销售收入、总成本的关系：产品的盈利是通过销售收入减去总成本来计算的。

2.盈亏平衡点的确定

当产品的销售价格、固定成本和变动成本已知时，我们便可以计算出盈亏平衡点。在这一产量水平上，销售收入等于总成本，意味着企业既无盈利也无亏损。此时的销售收入与总成本相等。设 S 为扣除税金后的销售净收入，Y 为总销售成本，W 为产品单价，X 为盈亏平衡点对应的产量，F 为固定成本，C 为每单位产品的变动成本。根据这些设定，我们可以写出以下等式：$S=W \times X$ 和 $Y=F+C \times X$。在盈亏平衡状态下，销售收入等于总成本，即 $S=Y$，因此有 $W \times X=F+C \times X$。通过整理这个等式，我们可以得出计算盈亏平衡点产量的公式：$X=F/(W-C)$。这里的分母 $W-C$ 代表了企业出售每一单位产品所能获得的额外收益，也就是边际贡献。

（二）盈亏分析法在经营决策中的应用

1.判断企业经营状况的好坏

评估企业的经营状况是否良好，可以从多个不同的角度进行分析。

第一，判断企业的实际产量（或销售量）或新方案的产量位于盈亏平衡点的哪一侧，即是否处于盈利区或亏损区，是做出决策的关键依据。具体判定方法如下：首先，需要计算出盈亏平衡点及其对应的产量。如果企业的实际销售量超过了盈亏平衡点的产量，那么它就处于盈利区域；反之，如果实际销售量低于盈亏平衡点的产量，则处于亏损区域。当实际销售量恰好等于盈亏平衡点的产量时，意味着企业的经营状况正好处于盈亏平衡状态，既没有盈利也没有亏损。

第二，计算经营安全率。经营安全率，即利润销售额占现有销售额的比例，是衡量企业经营状况的综合指标，反映了企业的安全运营水平。该比率越高，亏损风险越小，经营状况越佳；反之，则亏损风险增大，经营状况欠佳。安全率的具体标准，可依据企业自身经验，并参照同行业企业数据来设定。

第三，评估实现目标利润的程度。通过比较实际利润与目标利润，可以确定目标利润的达成比例。

2. 确定目标利润的销售量

当企业生产单一产品时，目标利润销售量可通过以下公式计算：X=（F+P）/（W−C）。这里，X 表示目标利润销售量，P 是目标利润，W 是产品单价，F 是固定成本，C 是单位产品的变动成本。

二、风险型决策方法

风险型决策指的是在已知未来事件发生概率的情况下，面对可能发生或不发生的随机事件所做出的决策。主要采用的决策方法包括期望值法和决策树法。

（一）期望值决策法

期望值决策法是指计算每个行动方案的期望值并进行比较。这里的期望值指的是概率论中离散随机变量的数学期望。我们将每个行动方案视为一个离散随机变量，其对应的损益值即为该变量的取值，也就是风险矩阵中的各个元素。

在追求最大效益时，会选择期望值最高的方案；而在力求最小化损失时，则会选择期望值最低的方案。

（二）决策树决策法

1. 单级决策树

决策树是一种源自图论的工具，它使用树状图形来辅助进行决策分析。这种方法通过模拟树的成长和分叉过程，形象地展示了不同方案在各种自然状态下发生的可能性，并通过分枝的选择与修剪来探寻最优解决方案。其结构包含决策节点、方案分支、状态节点以及概率分支；其中，决策节点作为整个树形结构的起点，标识了需要做出的选择；方案分支是从决策节点延伸出的多条线段，每一条代表一个可行方案,并连接至相应的状态节点;状态节点位于各方案分支的末端,用于表示在特定自然状态下可能获得的结果或效益;而概率分支则是从状态节点进一步延伸出来的线段,它们各自对应着一种可能出现的自然状态。

决策树方法的核心原则在于,通过评估每个方案在不同自然状态下可能产生的收益或损失—即所谓的损益期望值来作为选择方案的依据。在应用决策树进行分析时,我们构建的树形图遵循从左至右的逻辑流程逐步展开。而在优选方案的过程中,则是从最右侧开始,逐步向左计算每个节点的损益期望值。这一过程涉及逐层对比这些期望值,以确定最优的选择路径。

在使用决策树进行决策时,可以遵循以下步骤。①构建树形图。首先需要明确有多少个备选方案,以及每个方案可能面临的不同自然状态,然后基于这些信息绘制出决策树的图形结构。②计算期望值。从树的最右侧开始,根据各个自然状态的发生概率依次向左计算各路径的期望值。每当到达一个状态节点时,需汇总该节点所有概率分支的期望值,并将结果标注在该节点上。当遇到决策节点时,则应将状态节点上的期望值与对应方案的投资额相减,比较不同方案的总期望值,选择数值较大的方案作为优选,并将其标记在决策节点上。③优化选择(剪枝)。这是一个从右至左逐步筛选最优方案的过程。对于每个状态节点,如果某方案分支的汇总值小于决策节点上的数值,则该分支可被"剪除"。经过这样的逐层比较和修剪,最终保留下来的分支即为最佳方案。

2. 多级决策树

多级决策树可以被视为单级决策树的连续应用,它通过将一个阶段的最终节点作为下一阶段决策树的起点,构建出包含两个或更多层级的复杂结构。在处理这类多阶段决策时,我们同样遵循三个主要步骤:绘制决策树图、计算各路径的期望值以及进行剪枝优化。具体而言,在完成从左至右的初步建树之后,再以从右向左的方式依次执行每个阶段的期望值计算和方案选择。

使用决策树分析具有诸多优势。它的流程直观且易于理解,使得决策过程清晰可见,结果一目了然,并且图形化的展示方式增强了其表达力。对于涉及连续分阶段决策或同时考虑多个目标的风险决策问题,当传统的决策表格方法显得不够灵活时,决策树提供了一种更为简便有效的解决方案。因此,在需要处理多阶段决策的情况下,决策树方法得到了广泛应用。

三、非确定型决策方法

非确定型决策是指在存在多种可能的自然状态时,我们既无法预知未来究竟会出现哪种状态,也无法得知这些状态发生的概率。在企业管理与经营过程中,常常会遭遇一些仅发生一次或极少几次的独特事件,比如决定新试制的产品是否应投入生产，或者评估是否要购买新型设备等。对于此类问题，由于缺乏足够的历史数据，难以收集到必要的统计资料，故而无法确定未来各种自然状态下发生的概率。在这种信息不充分的情形下，决策过程往往带有较强的主观性和不确定性，在很大程度上依赖于决策者的经验和直觉判断。然而，即便如此，通过长期的经验积累与总结，也形成了一些被广泛认可的决策准则。

在非确定型决策中，依据不同的决策标准，主要可划分为五种方法：保守策略（也称小中取大决策法）、冒险策略（也称大中取大决策法）、最小机会损失策略（即最小最大后悔值法）、等可能性策略（机会均等法），以及折衷策略（乐观系数法）。这五种方法体现了不同的决策思维模式，选择何种方法在很大程度上取决于决策者的个人特质。从这些准则可以看出，决策者的选择不仅反映了其对风险的态度，还与其自身的知识水平、经验积累、综合分析能力以及决策魄力紧密相关。

（一）小中取大决策法

对于那些倾向于稳健的决策者而言，在面对非确定型决策问题时，他们会极为谨慎，极力避免因决策失误而导致重大损失。这类决策者在评估各种方案时，通常会假设最不利的情况发生，然后从中挑选出相对最优的方案。这种方法被称为"小中取大"决策法，因其体现了保守的态度，所以也常被称作悲观决策法。

（二）大中取大决策法

有些决策者愿意承担更高的风险，对非确定型问题持乐观态度。他们在做决策时总是期望获得最好的结果，并努力追求更优的成果。这种决策方法被称为"大中取大"决策法，其特点是展现出冒险主义的态度，专注于获取最大收益。通常，这种方法更适用于那些实力雄厚的企业，且当潜在损失对其影响较小时才会采用。

（三）最小最大后悔值法

在非确定型决策问题中，由于各方案面对的自然状态概率不明确，可能会出现选择失误的情况，导致在特定自然状态发生时错失良机，进而产生后悔情绪。这种因选择不当而未能获得的收益，我们称之为后悔值。当前的目标就是要尽可能降低这种后悔值。为此，我们首先需要计算每个方案在每种自然状态下的最大收益差值，即该方案的最大收益与其他方案收益之差，从而得出每个方案的最大后悔值；随后，从这些方案中选择具有最小最大后悔值的方案作为最优方案。

（四）机会均等法

当决策者无法确定每种自然状态出现的具体概率时，可以假设所有自然状态的发生机会是均等的，进而用相同的概率来评估各个方案的优劣。

（五）乐观系数法

决策者依据资料分析和个人经验，确定一个乐观系数 α（0≤α≤1），该系数反映了对决策问题的乐观程度。当 α 值为 1 时，表示采取冒险主义态度；当 α 值为 0 时，则表明持保守主义立场。需要注意的是，α 的具体数值会因不同的决策对象而有所变化，它更多地依赖于经验和主观判断。计算公式如下：Q=α×Qmax+（1－α）×Qmin。这里，Q 代表某方案的加权平均收益值，Qmax 是该方案的最大可能收益，Qmin 是最小可能收益，而（1－α）则被称为悲观系数。在比较各方案的加权平均收益值后，选择具有最高数值的方案作为最终决策方案。

上述五种非确定型决策方法均带有一定的主观随意性，不同的决策方法可能会导致不同的方案被选中。实际上，这五种方法不仅可以单独应用，而且可以并且应该综合使用。即通过同时运用这五种方法进行评估，并将各方法得出的结果汇总分析，选择中选次数最多的方案作为最终决策方案。

第三节　经营决策敏感性分析与风险程度评价

在决策过程中，预测的偏差或外部环境的变化都会给决策带来一定风险。例如，在确定型决策中的量本利分析和产品结构优化时，产品的成本和价格可能因多种因素而波动；在风险型和非确定型决策中，对损益值的概率估算往往不够精确。这些不确定性因素必然会影响最优方案的选择。因此，为提高决策的科学性和可靠性，在决策过程中必须进行敏感性分析，并对决策的风险程度进行全面评估。

一、敏感性分析

在企业决策制定过程中，各类数据的变动对决策有着关键影响。评估这些数据波动是否会动摇最优方案的根基，是决策的重要环节。敏感性分析，就是解决这一问题的有效手段。通过它，我们能够准确探测出各类数据在何种区间内波动，不会影响原有决策的有效性。一旦数据波动超出这个安全范围，原本的最优方案可能不再具有优势。提前开展敏感性分析，有助于我们未雨绸缪，提前谋划应对策略，有效规避因决策失误给企业生产经营带来的潜在损失。

在敏感性分析中，关键在于精准识别那些即便发生细微变动，也会对决策结果产生显著影响的数据，这类数据被称为对决策具有高度敏感性的数据。反之，若某些数据需发生大幅度变动才会影响决策结果，那么这类数据的敏感性则相对较低。以某电子产品制造企业为例，在决定是否推出一款新型号产品时，产品的原材料价格、市场需求预测等数据至关重要。经敏感性分析发现，原材料价格哪怕只是轻微上涨，就会导致产品成本大幅增加，利润空间被严重压缩，进而影响推出新产品这一决策的可行性，这说明原材料价格数据对该决策具有高度敏感性。而市场需求预测数据，只有在发生较大幅度偏差时，才会改变决策方向，相对而言，其敏感性较低。

二、风险程度评价

在企业决策过程中，大多数方案所依据的数据多来自预测或估计，这不可避免地带来不确定性与风险。以投资项目为例，预期的利润额往往基于各种假设和预估得出。然而，未来市场状况多变，生产成本可能波动，外部环境变化也会对预计利润额的准确性产生影响，导致预计数据与实际执行结果出现偏差，这种因不确定性因素导致的偏差就是经营风险。

为使投资方案中的各项预计数据更贴近实际情况，提升决策质量，在决策时对这些经营风险进行全面评估与量化至关重要。

（一）方案收益方差和标准差

各方案的预期利润，可看作从利润概率分布中提取出的平均值，也被称为"期望利润"，它反映了每个方案预计能达到的平均收益水平。方差衡量的是各种可能利润值与期望值之间差异的平方和。标准差作为方差的平方根，精准度量了不同可能值相对于期望值的分散程度，直观地反映出方案中潜藏风险的大小，因此成为评估风险的重要指标之一。

一般来说，标准差越小，意味着结果的不确定性和风险越低，方案的稳定性越高。但在商业环境中，当一个方案的期望利润显著高于另一个方案时，即便该方案成本较高，预期现金流较大，往往也会伴随着较大的标准差。此时，不能简单认为标准差大就等同于风险高。例如，有两个投资方案，方案A预期利润为1000万元，标准差为50万元；方案B预期利润为100万元，标准差为30万元。从绝对数值看，方案A的标准差更大，但方案A的相对标准差（标准差与期望利润的比例）为5%，而方案B的相对标准差为30%。显然，方案A虽然标准差大，但相对风险更小。这就如同大象和老鼠，大象步伐跨度大（标准差大），但相对于其庞大身躯（高期望利润），相对变动幅度小；老鼠步伐跨度小（标准差小），但相对于其娇小体型（低期望利润），相对变动幅度大。

（二）效益的变异系数

效益的变异系数是标准差与收益均值的比例，它为评估方案风险水平提供了更全面的视角。当面对两个预期收益不相等的方案时，单纯依据标准差大小判断方案风险高低并不准确。此时，效益变异系数能够综合考量方案的收益水平和风险分散程度，成为评估方案风险的有力工具。例如，方案 C 预期收益为 500 万元，标准差为 80 万元；方案 D 预期收益为 200 万元，标准差为 50 万元。仅看标准差，方案 C 的标准差大于方案 D，但通过计算效益变异系数，方案 C 的效益变异系数为 16%，方案 D 的效益变异系数为 25%，说明方案 D 的相对风险更高，尽管其标准差绝对值较小。

第七章　新媒体时代企业市场营销战略创新措施

第一节　有针对性地制定市场营销战略

在现代企业营销领域，利润最大化仍是核心目标。实现这一目标的关键在于提升品牌和产品的知名度，以此激发消费者的购买欲望。当前，传统宣传手段如报纸和电视广告，受众范围逐渐变窄，受众数量也在减少，而新媒体发展势头强劲，吸引了大量用户。在此背景下，借助新媒体平台实施营销策略，能够吸引更多潜在客户。企业还可依据自身及产品特点，制定更为精细的营销方案，进而形成有效的营销战略。在当前环境中，企业营销战略对消费群体细分的依赖程度日益加深。互联网利用大数据分析，为企业提供了关于不同群体消费习惯、消费能力以及对企业产品偏好等特征的详细参考资料。企业依据这些数据，结合自身产品特性和目标客户群体，能够精准选择合适的新媒体渠道开展营销活动。这种基于大数据分析的新媒体营销方式，为企业在新媒体时代提供了更精确、高效的营销思路。

一、新媒体制定营销战略目标

在目标市场营销中，新媒体主要运用集中性目标市场营销、个性化目标市场营销、无差异性目标市场营销以及差异性目标市场营销这四种策略，每种策略各有优劣。企业在选择合适的目标市场策略时，需综合考量自身诸多因素和条件，例如企业规模大小、原材料供应是否稳定、产品相似度高低、市场相似性程度、产品处于何种生命周期阶段以及竞争对手的目标市场定位等。选择最契合本企业的目标市场策略，是一项复杂且需细致斟酌的工作。

（一）集中性目标市场营销

集中性目标市场营销策略，是企业将资源集中投放到一个特定细分市场，专门为该细分市场打造一套营销组合方案,通过专业化生产与经营,力求获取较高的市场占有率。这里的特定细分市场,可能是一个,也可能是少数几个,企业旨在个别或少数市场上建立竞争优势,提升市场份额。对于采用此策略的企业而言,深入了解所选目标市场至关重要,这种策略尤其适用于中小型企业。聚焦特定市场,企业能够更精准地把握消费者需求,提供定制化的产品和服务;有助于企业在选定市场稳固地位,增强品牌信誉;还能实现专业化运营,优化成本结构。若目标市场选择恰当,企业可在该领域建立核心竞争力,收获显著的经济效益。

(二)个性化目标市场营销

随着新媒体技术的不断进步,市场细分已能精确到每一位消费者,同时定制化产品的制造成本持续降低。互联网具有强互动性和一对一的独特交流方式,使在这一平台开展个性化营销变得更便捷、高效。个性化的新媒体营销策略,是企业将每位在线消费者都视作独立的目标市场,根据其具体需求制定专门的营销方案,以此吸引更多消费者。不过,实施这种个性化营销策略对企业而言挑战不小,其成功需满足以下几个前提条件:每位在线消费者的需求存在明显差异,且他们对满足个性化需求意愿强烈;有一定规模的消费者群体存在相似的个性化需求;企业具备实施个性化营销所需的资源和技术;个性化营销活动对企业和消费者双方都要有经济效益。可以说,个性化目标市场营销是差异性目标市场营销的极致表现,代表着市场细分的最精细层面。

(三)无差异性目标市场营销

无差异性目标市场营销策略,是企业将整个市场看作单一目标市场,只关注市场需求的共性,不考虑其差异。在这种策略下,企业采用统一的产品、价格和推销方法,意图吸引尽可能广泛的消费者群体。要成功实施这一策略,产品在内在质量和外在设计上必须具备独特风格,以获得多数消费者认可,维持市场相对稳定。该策略的优势在于,产品单一化便于保证质量一致性,利于大批量生产,从而降低生产和销售成本。但要是同行业其他企业也采用类似策略,市场竞争就会变得异常激烈。在新媒体营销环境中,无差异性目标市场策略体现为把整个网络市场当作一个整体,针对所有潜在客户只推出一种产品,执行一套统一的营销组合方案。通过大规模的无差异营销活动,企业试图吸引更多消费者。这种做法的前提是,尽管消费者需求存在差异,但这些需求的相似性足以让市场被视为同质化市场。所以,该策略侧重消费者需求的共同点,忽略个体差异。无差异性营销的核心理论基础是成本效益:生产单一产品可减少生产和物流成本;统一的广告宣传和其他促销活动能节省推广费用;不进行市场细分可降低企业在市场调研、产品开发及制定多样化营销策略方面的投入。对于那些需求广泛、市场同质性强且适合大量生产和销售的产品，这种策略尤为适用。

（四）差异性目标市场营销

差异性的市场目标营销策略，是将整体市场划分成多个特定子市场，然后针对每个子市场的独特消费偏好，定制产品和营销方案。这一策略的优势在于能实现灵活多样的生产方式，适应性强，能更精准地满足消费者需求，进而推动销售增长。在日常消费品行业，该策略应用广泛。此外，由于企业分散投资于不同细分市场，在一定程度上可降低经营风险；若企业在多个细分市场取得成功，不仅有助于提升品牌形象，还能扩大市场份额。然而，这种策略也面临一些挑战：首先，可能导致营销成本上升。产品线多样化会增加管理难度和库存成本，针对不同细分市场的个性化营销规划会提高市场研究、推广及渠道管理成本。其次，可能造成企业资源分配不均衡，出现内部竞争资源的情况，不利于主打产品优势的建立。因此，企业在采用差异化市场目标营销时，需全面评估收益与成本的关系，权衡利弊，做出科学决策，确保该策略有效实施。

二、新媒体企业营销的竞争战略

（一）企业营销管理发展的战略

1. 创新市场营销观念

在企业营销方法创新的进程中，营销理念的更新是首要且关键的一步。身处当下竞争愈发激烈的市场环境，唯有持续革新营销观念，才有可能实现高效的营销成果。企业管理层应当高度重视对最新营销理论的学习，尤其是要着重强化新媒体营销策略在企业运营中的应用。管理层自身必须深入理解新媒体营销的概念，果断摒弃陈旧过时的理念，积极探寻创新的方向与途径，为企业开辟更为广阔的发展天地。

同时，管理层不能忽视向企业全体员工普及新媒体重要性这一环节。要让每一位员工都清晰地认识到，新媒体在当下营销管理中占据着极为关键的渠道地位。员工只有充分理解这一点，才能在实际工作中充分利用新媒体平台，设计并实施行之有效的营销计划，进而推动企业整体向前发展与进步。

2. 加强市场营销外部创新

企业借助新媒体平台开展线上营销活动，这一过程中消费者的反馈具有不可忽视的价值。企业应当高度重视消费者对产品的评价，并积极给予回应。通过认真对待消费者的反馈，企业一方面能够对产品性能进行进一步优化，另一方面还可以增强消费者对品牌的信任感，从而树立良好的品牌口碑，提升品牌形象。

此外，线上营销还为企业提供了深入研究竞争对手的契机。企业可以通过分析竞争对手的线上营销策略、产品特点等，调整自身的市场策略，以更好地契合市场需求。在新媒体环境下，企业创建自己的官方网站是提升竞争力的重要举措。在网站设计中，要突出展示公司标志，使其成为有力的宣传元素。这样一来，当潜在客户有相关需求时，他们能够主动便捷地获取企业的相关信息，找到企业的营销资料。而满意的客户往往会自发地为产品进行宣传，这种口口相传的传播方式能够进一步提升企业的营销效果与品牌影响力。

3. 创新营销路径

企业实现营销路径创新可以通过以下几个具体步骤来达成。首先，探索直接面向消费者的自主渠道创新模式。在这种模式下，企业去除中间环节，直接与消费者进行互动。在此过程中，充分利用现有的实体店资源，如产品展示、店内设施以及人力资源等，在服务等方面进行创新，以此来完成销售流程。

其次，企业可以通过与其他公司建立合作关系来开展间接营销，例如采用代理、赞助等合作形式。这些合作方式不仅有助于推动产品的市场推广，在新媒体环境下，还能为企业营销活动带来新的机遇与支持。

再者，在利用新媒体平台进行新产品营销时，积极采用渠道组合策略至关重要。这通常需要企业与产品制造商及代理商展开合作，并借助第三方的力量，共同拓展和优化营销渠道，以实现最佳的营销效果。

（二）企业营销的战略方法

1. 消费者和企业进行及时交流

加强消费者与企业之间的互动交流，对于提升产品销售量具有积极的促进作用。通过这种互动，消费者能够更深入、全面地了解企业的产品，进而激发和提升自身的购买意愿。在互动过程中，企业要秉持积极倾听的态度，认真对待消费者反馈的意见和建议。毕竟，消费者作为产品的最终使用者和服务的直接接收者，他们的反馈对于企业来说具有极高的价值。

企业针对消费者提出的问题，应当及时采取改进措施并加以解决，切实满足消费者的需求。此外，企业在进行产品设计时，要始终以消费者需求为导向，进行精准的设计与优化，从而持续激发并维持消费者的购买兴趣。

2. 能够及时调整营销方案，利于消费者购买

在营销过程中，企业要高度重视消费者的心理需求，根据消费者的喜好来定制产品。企业的核心目标是满足消费者的独特需求，这就要求企业具备灵活调整营销策略的能力，以此来刺激消费者的购买行为。

企业制定的营销计划，必须确保所推出的产品和服务与消费者的期望和需求相契合。特别是在节假日等特殊时期，企业可以灵活运用折价促销等活动形式来

吸引顾客，进而提升产品销量。在当今时代，众多消费者倾向于通过网络平台购物，原因在于线上商品通常具有较高的性价比，价格往往比实体店更为优惠。因此，在节假日期间，企业通过网络渠道开展打折促销活动，不仅能够提高品牌知名度，还能增强消费者对企业的好感度。而且，这种促销活动有助于消费者建立对品牌的信任，即使在促销活动结束、产品恢复原价后，之前参与过体验的消费者基于对品牌的信任，仍有可能继续选择购买该企业的产品。

（三）企业营销管理发展的战略创新

1. 能够扩大市场规模

回顾二十多年前，阿里巴巴和万达在市场中还只是名不见经传的小公司。经过几代人的不懈奋斗，它们逐步成长为如今在市场上占据显著地位的行业巨头。在企业的发展历程中，不可避免地会经历起起落落，需要通过转型升级来适应市场的变化。

为了拓展更为广阔的市场，企业一方面需要一个更大的平台作为支撑，另一方面也需要投入一定的资金，以便顺利进入新的市场领域。随着电子商务的蓬勃发展，诸如微信支付和支付宝等工具极大地简化了原本复杂的沟通环节，降低了企业的运营难度。尽管产品市场分析和研究依然复杂，且受到环境和地区等多种因素的影响，但新媒体的广泛应用为企业提供了更多扩大市场规模的机会，展现出了更为广阔的市场潜力。这不仅有助于提升企业的产品销售量，还能进一步拓展企业的利润空间。

2. 企业销售范围扩大

在我国，新媒体已占据不可或缺的重要地位。随着科技水平的飞速提升，新媒体成为时代发展的显著特征之一。在日常生活中，新媒体的应用无处不在，它极大地简化了人与人之间的沟通交流，缩短了沟通距离，使信息传递变得更加迅速便捷。

新媒体的发展深刻改变了购物模式，传统的实体店购物逐渐向网店购物转变。互联网购物平台为消费者带来了极大的便利，人们无需出门，即可轻松完成购物，节省了前往实体店购物所耗费的时间和精力。这种便捷的购物体验深受消费者欢迎。同时，新媒体在企业营销中也发挥着重要作用。通过新媒体渠道，企业能够更高效地触达目标客户，促进销售增长，保障营销活动的顺利开展。

3. 消费群体庞大

互联网的广泛普及极大地改变了人们的生活方式，随着手机和电脑的日益普及，人们的日常生活变得更加便捷。这一变化也为企业营销带来了新的机遇。当前，网络的主要使用者包括学生和上班族，企业可以针对这两大群体开展数据分析，从中提取出有价值的信息，为精准营销提供有力支持。

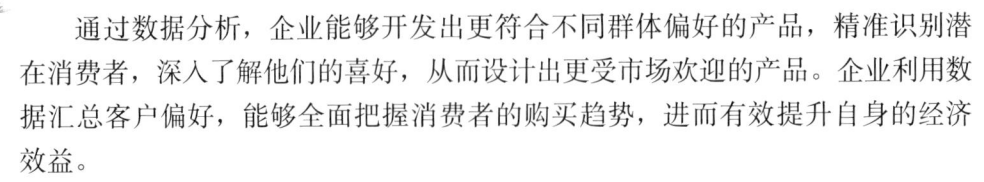

通过数据分析，企业能够开发出更符合不同群体偏好的产品，精准识别潜在消费者，深入了解他们的喜好，从而设计出更受市场欢迎的产品。企业利用数据汇总客户偏好，能够全面把握消费者的购买趋势，进而有效提升自身的经济效益。

4. 符合消费者的喜好

为了更好地满足不同消费者的特定需求，企业需要制定差异化的营销策略，对目标市场进行细分，以确保营销活动切实有效。然而，在实际营销过程中，企业的销售人员常常只是停留在产品表面推广，缺乏专业的销售技巧，这不仅导致营销成本上升，还使得企业无法深入了解消费者的真实需求。

在这种情况下，企业可以借助新媒体工具来改善现状。通过新媒体渠道，企业能够深入了解消费者的需求和行为模式，据此优化营销计划，从而显著提升销售业绩。

第二节 构建多重联动新媒体宣传体系

在新媒体生态下，企业开展市场营销活动时，可构建一个多元协作的新媒体传播网络。当今的新媒体环境呈现出多样化与复杂性的特征，无论是由传统媒体转型而来的新媒体渠道、企业自主运营的新媒体平台，还是个人或小团队主导的自媒体平台，均能作为信息发布的窗口，有效推动市场营销目标的达成。对于当下的企业而言，仅依赖单一的新媒体平台进行推广，已难以获取最优效果。为产生更广泛且深入的影响，企业需整合多个不同类型的媒体平台资源，通过多渠道并行的方式扩大宣传的覆盖面与深度。

一、树立科学的网络营销观念

为实现网络营销目标，企业首先要在营销理念上进行革新，对传统网络营销模式予以优化与创新。这意味着在实际的网络营销操作中，企业应依据不同营销目标量身定制相应策略，构建多维度的网络营销体系，开拓新的营销路径。具体来讲，企业不能再局限于以往简单的炒作或单纯建设网站的方式，而是要根据自身特性和产品特点，科学合理地调配人力、物力和财力等资源，确保市场定位的精准性，减少营销活动中的盲目性与主观臆断。这要求企业在制定网络营销计划时，不仅要考量短期效益，更要着眼于长远发展，以适应不断变化的市场需求。此外，网络营销观念的转变还体现在网络营销手段的多样化上。例如，在品牌建设方面，企业可将品牌塑造视为一个系统性工程，融入各类网络营销活动中。借助新媒体的优势，通过企业官网、电子邮件营销、在线广告、搜索引擎优化、虚拟社群互动、微博、微信等多元化数字工具，打造一个综合性、整合式的市场营销新模式。这种方式不仅有助于强化品牌形象，还能显著提升企业的市场竞争力，推动其市场营销工作跃上新台阶。

二、加大网络营销基础设施建设

在新媒体环境下，企业要实现市场营销模式的创新，离不开高效且稳定的网络基础设施的支撑。因此，在构建网络营销体系时，完善的网络基础条件是必不可少的前提。为确保客户能够便捷、安全、快速地访问公司网站，深入了解企业文化与产品特色，并在企业内部实现高效的网络营销与管理，企业应加大对网络技术研发的投入力度，积极引入先进的网络技术和设备，优化网络办公环境，同时根据企业的网络营销战略持续更新网站内容。随着移动互联网的发展，企业在营销工作中也必须重视适应这一变化，尤其是提升在移动平台上开展营销活动的能力。这不仅有助于突破传统的时间和空间限制，还能为企业的市场推广提供即时、新颖的信息支持，从而加快市场响应速度，增强应对市场变化的能力。此外，网络安全对企业至关重要。企业应依据自身网络状况，加强员工的信息安全意识培训，严格执行网络安全管理和保密制度，确保市场营销信息的安全性与私密性。

三、加强市场调研

为切实提升网络营销能力和市场竞争力，企业必须加强对市场调研的重视，并建立能够迅速响应市场的机制。这不仅有助于加快对市场需求变化的反应速度，还能帮助企业更精准地调整和完善网络营销计划与策略。可以说，任何有效的网络营销策略都建立在深入的市场调研基础之上。市场调研是一项复杂且系统化的任务，为确保信息的真实性和可靠性，企业在开展调研前需设立严谨的流程和制度，减少盲目性。这意味着要明确调研的目标、对象、问卷设计、执行人员以及覆盖区域等关键要素，严格按照规范的操作程序进行数据收集。随后，运用科学的方法分析这些数据，预测市场趋势和需求动态，为制定网络营销策略提供坚实的数据支撑。在网络环境下，企业可借助互联网的优势开展市场调研，例如企业针对海外消费者的研究，可通过在线问卷的形式收集有关消费习惯的信息，分析消费者的购买行为和偏好，进而制定更贴合目标市场的营销策略。此外，将网络调研与实地调查相结合，全面掌握市场动态，有助于企业清晰认识自身在网络营销中的优势、劣势、机遇和挑战，准确评估其市场定位。如此，企业便能根据实际情况及时调整网络营销战略，选择更为科学合理的营销手段，从而更好地应对市场变化，优化自身的市场营销工作。

四、积极建设高素质的网络营销队伍

在新媒体环境下,企业市场营销模式的创新要求营销团队成员不仅具备传统的市场营销能力,还需拥有良好的信息化技能。因此,企业在构建营销团队时,应制定严谨的人才招聘策略,重点考察应聘者的信息化能力和专业水平,吸引能满足企业营销需求的高素质人才加入。为实现这一目标,企业的管理者首先要提升自身的网络营销专业知识和职业道德素质。在此基础上,管理者应根据现有营销团队成员的具体情况,制定出长期且有针对性的培训方案,旨在持续提高团队成员的信息化技能和综合素养。这不仅是实现销售目标的关键,也是企业在竞争激烈的市场中保持优势的重要保障。

此外,企业领导者必须重视并加强对营销团队的网络营销技能培训,确保他们充分认识到网络营销的关键作用,自觉遵循诚信原则,强调团队协作精神,并严格遵守职业道德,避免进行虚假网络宣传等不当行为。具体而言,在新媒体环境中,管理者应为网络营销人员提供包括网络销售技巧、网络技术应用、网络伦理及企业文化等方面的培训,以此提升他们在网络营销领域的专业知识和技术水平,增强其岗位责任感和职业素养。

第三节 市场营销思路与内容紧跟新媒体热点

在当今竞争激烈的市场环境中,企业若想在市场营销活动中脱颖而出,营销策略与内容的创新至关重要,需确保形式与内涵相互呼应。以肯德基为例,该品牌在营销过程中不断革新思路与内容,紧密跟随时代潮流以及新媒体热点话题挑选产品形象代言人,借此吸引更广泛消费者的关注。此外,肯德基还尝试过"病毒式"营销等新颖的广告投放策略。现代企业应当高度关注新媒体领域的热门话题,深入探寻这些热点与自身产品的关联,并巧妙地将产品推广融入热点讨论之中,以此增强营销效果。通过结合新媒体热点开展营销,企业不仅能够提升产品的曝光度,还能加深消费者对品牌的印象。同时,企业可整合线上线下营销渠道,实现两者的无缝对接。这意味着消费者无论是在线上还是线下进行商品和服务交易,都能获得一致的品牌体验,有助于形成统一且连贯的市场营销认知。一旦企业能够有效捕捉并利用市场上的营销热点,便能更精准地实现营销目标。

一、新媒体环境下从众行为的渗透运用

"从众"这一概念最早源于心理学领域,如今已广泛渗透到社会生活的各个方面。进入新媒体时代,信息传播的速度与广度大幅提升,人们愈发深切地感受

到从众行为的强大影响力，甚至在一定程度上会被动卷入其中。在广播电视等传统媒体中，从众效应被大量运用，成为增强节目效果、扩大宣传声势的有力手段。但不可忽视的是，这种现象也带来了诸多负面后果，比如导致个体独特性逐渐丧失，甚至可能沦为谣言传播的助推器。

古斯塔夫·勒庞在其著作《乌合之众：大众心理研究》中指出："一个孤立的个体或许具备良好教养且理智，但当他融入群体时，却可能展现出野蛮的一面。"从众现象主要表现为个人受外界影响而改变自身行为或信念。这种改变主要源于两种压力：信息性压力和规范性压力。一方面，当人们面对不确定性或缺乏相关知识时，往往倾向于跟随大多数人的选择；另一方面，为避免被群体排斥或孤立，个体也会努力与群体保持观点一致。从众行为对我们的生活利弊兼具。

二、新媒体环境下信息的发酵

在新媒体时代，人们拥有多样化的信息获取与见解表达渠道，个人的声音得以在这个时代背景下找到合适的发声方式。面对海量信息的冲击以及多元价值观的影响，许多人选择通过从众行为与大多数人保持一致，以此强化自身与群体的联系。这一现象不仅体现了人们对归属感的需求，也让从众成为维系人际网络的重要纽带。

随着微博、微信以及各类自媒体平台的兴起，碎片化信息得以迅速整合并广泛传播。信息转发已成为当下信息传播的关键途径之一。在国内，无论是微博、早年的人人网，还是微信朋友圈，一条信息的转发次数成为衡量其传播效果的重要指标。我们时常能看到阅读量达到 10 万多次的内容，这些高质量信息通过不断转发，不仅让受众获取了相关资讯，也促使大家关注到当下的热门话题。在此过程中，信息在群体间的传递更为高效，确保了热点事件能够在公众中广泛传播。此外，在"沉默的螺旋"理论影响下，越来越多的社会事件在发酵过程中受到更多人的关注。

在新媒体环境里，从众现象实际上反映了集体情绪和集体观念的认同过程。网络流行语的传播便是这种集体情绪的一种表达方式。例如，"佛系青年""打CALL""Pick"等词汇在特定时期被广泛使用。当人们被大量信息包围时，很容易接受并采用大众普遍认可的观点。这些流行语刚出现时，或许很多人并不完全理解其含义，但由于周围人都在使用，为更好地融入社交圈、实现顺畅的人际交流，个体也会跟随大众开始使用这些词语。

三、电视节目内容制作的适用

在新媒体时代的电视节目中，我们可以注意到，除了优质的内容，节目还巧妙借助从众心理进行包装。主持人作为节目的引导者，其每一句话都在向观众传递信息。如今的节目不仅注重内容本身，还通过音响和音效来引导观众产生从众效应。

（一）主持人的导向

主持人作为公众获取信息的重要来源，担当着党和国家"喉舌"的角色，肩负着信息传播与舆论引导的重大责任。在这个岗位上，他们的每一句话都需严格把控方向，确保传递的信息具有教育意义和正确导向。节目主持人通过打造个人品牌吸引观众的注意力，并赢得观众的认同，进而影响观众对媒介产品的消费选择。当观众逐渐认可主持人的形象时，这不仅增强了主持人话语的可信度和权威性，也使得观众更易依据主持人的建议做出选择。

在电视购物节目中，主持人的语言表现力能够直接且强烈地影响观众，激发他们的从众行为。例如，主持人可能会说："此刻已有大量观众成功订购"或者"热线电话已被打爆"，以此吸引其他观众加入购买行列。在这种情形下，个体往往会跟随大众行为做出相似选择。在新媒体环境下，主持人不仅要提升自身专业能力，还更加注重塑造"品牌化"和"明星化"的个人形象，以增加自身附加值。观众喜爱一位主持人时，甚至会模仿其着装、发型等细节。

（二）节目包装的效果

电视节目除依靠主持人的语言引导外，还会运用各种包装手段来增强节目的吸引力和看点。这些包装手段涵盖音响音效、字幕花字等元素。节目组借助这些技术，不仅引导观众在行动上跟随，还在潜移默化中触动观众的情感。

音效是节目中常见的包装技术之一。例如，节目出现尴尬场景时，会配上乌鸦飞过并发出"嘎嘎"的声音；在有趣之处添加爆笑音效；在精彩时刻则加入喝彩声和掌声。这些音效设计旨在带动现场及屏幕前观众的情绪，使他们不自觉地与节目中的人物一同大笑或鼓掌，从而促进从众行为的产生。

（三）电视节目的营销手段

广播电视节目不仅要注重制作质量，还需通过有效的营销宣传提升知名度，塑造良好的品牌形象，以实现经济效益和社会效益的双赢。除利用从众心理进行节目推广外，这类节目还能显著增强相关产业的发展能力。例如，《爸爸去哪儿》第一季的最后一期在黑龙江雪乡录制，节目播出后，雪乡迅速走红，成为热门旅游目的地。这一现象实际上体现了节目带动的产业化效应，不仅推动了当地旅游业的发展，还影响了人们的生活方式。

（四）从众行为的非理性爆发

从众效应在广播电视节目中增强了节目效果，吸引了大量观众的关注。在新媒体环境下，从众现象也促使信息更广泛地传播，让个人在网络空间中获得更多话语权。然而，从众的负面影响也在悄然改变着每个人的生活。

1. 节目制作原创力匮乏

当前电视荧屏上，为追求高收视率，节目内容同质化现象严重，导致中国电视行业创造力不足。例如，《非诚勿扰》的成功引发了众多婚恋类节目的跟风，如《百里挑一》和《爱情保卫战》；《爸爸去哪儿》的走红催生了一系列亲子类节目，像《爸爸回来了》和《妈妈是超人》等。对于中国的电视节目制作方而言，哪种类型节目受欢迎，便一窝蜂地制作类似节目。但这种从众行为极易引发观众的审美疲劳，最终致使同一类型节目逐渐失去吸引力。除国内节目相互模仿外，还存在大量抄袭国外节目的现象。比如，《极限挑战》《奔跑吧》和《偶像练习生》等热门节目都能在韩国节目中找到原型。这种从众式的抄袭不仅损害了原创精神，也对中国广播电视市场的健康发展造成了负面影响。

2. 受众的认知迷失

当观众观看节目时，受从众心理影响，可能会逐渐丧失个人的独立判断，盲目跟风的行为不利于正确价值观的形成。尤其是在观看购物节目时，观众往往对节目中宣传的产品深信不疑，跟随大众购买后才发现上当受骗或对商品极度不满的情况屡见不鲜。这表明，从众心理容易使人失去清晰的判断力。

3. 新媒体时代的谣言

在互联网环境下，匿名发言盛行，信息质量良莠不齐、真假难辨。在此背景下，受众的盲目从众行为为谣言的传播提供了土壤。例如红黄蓝幼儿园事件、罗一笑事件以及陕西野生华南虎事件等，这些信息刚曝光时迅速引发公众的广泛关注和从众反应，但很快便出现剧情反转。每年层出不穷的谣言事件中，很多受众在未充分了解事实的情况下就随波逐流地参与信息传播，导致虚假新闻泛滥。这种盲从不仅误导了个人，也给社会带来了严重的负面影响。

四、新媒体时代企业进行热点事件营销

（一）热点事件营销的定义

热点事件营销指的是利用新闻传播规律，通过一系列操作使某一事件成为公众关注的焦点，从而实现对特定产品的广告宣传效果。

（二）企业为什么要利用热点事件进行营销？

热点事件因其高度的关注度而能够吸引大量观众的目光。无论是微小的趣事

还是震撼人心的重大事件，都有可能成为焦点，展现出极强的吸引力，获得广泛的注意。这表明，不论事件规模大小，都有潜力成为热门话题。企业有时会选择借助现有的热点事件来进行营销，而非专门制作产品广告。原因在于，热点事件往往具有强大的传播力和广泛的受众基础，更容易被消费者所接受。相比直接向消费者灌输产品信息的传统广告方式，利用热点事件进行营销显得更加自然和温和，不易引起消费者的反感。

在进行广告活动时，企业往往会遇到成本和效率的挑战。为了推广产品，必须考虑投入的经济成本，一则短短三十秒的广告，其费用会根据播出时段及媒体平台的不同而有显著差异。不仅如此，在广告策划阶段也会消耗大量资源，确定最佳播出时间和选择合适的媒体渠道需要深入分析与反复比较，这无疑增加了时间成本。一旦这些前期工作完成，广告才能正式推出市场。然而，相较于借助热点事件开展营销活动而言，传统广告在传播速度和吸引消费者注意力方面往往显得力不从心。热点营销能够通过多种渠道如移动设备、个人电脑、电视屏幕以及各类网络平台迅速扩散，形成广泛的影响力。相反，许多广告内容受限于特定的播放平台，例如仅限于电视播放，导致其传播效果相对较弱，覆盖面也较为有限。

增强品牌的认知度和美誉度。通常，消费者的购买决策很大程度上受到品牌知名度的影响，因为高知名度的品牌往往给消费者留下严格把控产品质量和提供优质服务的印象，从而增强了他们购物时的信任感。当一个成功的热点营销活动通过人们的日常交流广泛传播时，它不仅能够悄无声息地提升产品的好评度和公众知晓率，还能有效塑造积极正面的品牌形象。这种潜移默化的过程加深了消费者对产品的了解和情感连接，为最终的购买行为奠定了基础。

（三）企业如何利用热点事件进行营销

1. 准确把握热点事件的性质

企业在策划基于热点事件的营销活动之前，需要精准理解并选择那些具有正面影响力和积极社会价值的事件作为主题，以确保能够正确引导公众舆论。例如，旺旺推出的五十六个民族罐系列，因其独特的"国潮"风格，在预售阶段就迅速吸引了广泛关注，成为热门话题，并受到消费者的热烈欢迎，激发了抢购热潮。从更广泛的社会文化视角来看，在当今这个物质丰富、多元思想与文化交融碰撞的时代，这样的产品不仅促进了年轻一代对民族文化认同感的深化，也增强了民众的民族自豪感，值得推崇和赞赏。相反，如果企业选择了负面或消极的热点事件来进行营销，则可能产生误导消费者的效果，传播不利信息，这种做法显然是不可取的。

2. 寻找或建立热点事件与产品的联系

在进行热点事件营销时，关键在于建立产品与热点之间的关联，使得公众在接触该热点时能够自然联想到特定的产品，从而促进销售。这种关联既可以是直接的，也可以是间接的，但无论如何，它都应起到桥梁的作用，将产品巧妙地融入热点之中，并通过热点展示产品的特性和价值。一个成功的案例便是英菲尼迪如何利用一次意外事件来进行品牌推广。当奥迪误播了英菲尼迪的广告宣传片后，这一错误迅速在网络上发酵，吸引了大量网友的关注和讨论，成为一时的焦点话题。面对这一突如其来的热点，英菲尼迪及时抓住机会，以幽默的方式在社交媒体上回应，称这是奥迪送给他们三十周年庆的特别礼物，并借机表达了对奥迪的感谢。这样的处理不仅巧妙化解了可能的尴尬局面，还进一步提升了事件热度，最终将一场误会转变为两个品牌之间的一场"甜蜜互动"。这不仅帮助奥迪缓解了危机，也为英菲尼迪提供了一次免费且高效的宣传机会。

在多媒体时代背景下，热点事件营销作为一种新兴的营销策略被众多企业采纳，旨在推动销售业绩的增长。合理运用这种营销方式，不仅能有效提升品牌形象，还能显著增强企业的知名度和公众好感度。然而，近年来一些企业为了追求短期利益，策划了一些游走在法律边缘的热点营销活动，这些行为忽视了应有的社会责任感。面对这种情况，企业应当更加注重履行社会责任，从更广阔的社会利益角度出发，在遵守法律法规的前提下开展热点事件营销。这不仅有助于促进销量的健康增长，还能避免因短视行为导致负面营销事件的发生。

第四节 利用新媒体进行企业品牌宣传

在当今的市场营销环境中，企业建立和发展自身品牌，提升社会认知度与美誉度显得尤为关键。新媒体平台在品牌推广方面发挥着显著作用，因此众多企业选择借助这些平台宣传品牌形象。如此一来，企业不仅能够直接触达潜在消费者，还能广泛传播品牌信息。利用新媒体进行品牌营销，企业可为产品增添品牌附加值。在同类产品中，品牌知名度较高的产品往往能设定更高价格，这部分溢价正是品牌营销为企业带来的额外利润。品牌一旦在消费者心中树立起特定形象，如"高端"形象，便主要吸引高消费层次的顾客群体，且这种品牌形象一旦确立便不易改变。

一、新媒体时代品牌传播公关策略

过去，企业提升品牌影响力与热度，多依赖电视广告、平面宣传以及借助热点新闻进行炒作等手段。然而，这些传统方法存在诸多弊端。一方面，企业难以通过这些方式与客户即时互动，无法及时捕捉客户的真实想法与需求；另一方面，客户的意见和实际产品需求很难快速传递到企业，导致客户反馈机制缺失，企业与客户之间的沟通艰难且耗时。

进入新媒体时代，企业迎来全新机遇，应积极主动地与客户实现面对面沟通，以此不断完善品牌发展规划。在新媒体时代，企业品牌公关绝非仅靠维护与主流媒体记者的良好关系以及投放广告那么简单，而是面临着全新挑战与要求。总体而言，以下这些策略值得广大企业公关人员深入思考与运用。

（一）密切关注行业及品牌信息

对于企业而言，密切留意网络媒体的最新动态与评论是极为实用的做法。具体可在百度、谷歌等搜索引擎上，针对企业名称以及行业关键词设置新闻订阅，实现信息实时推送。通过这种方式，企业能够及时监测到对自身不利的信息，并尽早处理，避免陷入被动局面。例如，一旦发现网络上出现关于企业产品质量的负面评价，企业能够迅速介入，调查核实情况，及时发布官方声明，化解潜在的信任危机。

（二）适应分散性公关的新环境

在新媒体环境下，企业必须调整自身心态与策略。过去那种单方面提供信息，或是试图"搞定"媒体和记者的做法已行不通。企业需要积极接纳分散式的公关模式，即从以往定向、针对特定小众群体的公关方式，转变为面向不确定的众多对象展开沟通。在当下的新媒体环境中，每个人都具备创造和发布信息的能力，随时随地都可能对舆论产生影响。以社交媒体平台为例，普通用户的一条微博、一段抖音视频，都有可能引发广泛关注，进而形成舆论热点。企业只有主动适应这种分散性的公关环境，才能更好地掌控舆论走向。

（三）谨慎发布信息

企业及其员工都应具备高度的品牌公关敏感性与责任心。在发布信息时，要以认真负责的态度，仔细筛选和处理内容，避免因不当言论引发不必要的麻烦。无论是企业官方账号发布的内容，还是员工个人在社交平台上分享与企业相关的信息，都需谨慎对待。例如，企业员工在个人社交媒体账号上，不能随意透露企业内部尚未公开的商业机密、敏感信息等，以免给企业带来负面影响。

（四）强化及时沟通

在新媒体公关时代，企业品牌公关务必坚守"迅速响应、透明沟通、责任担当"这三项基本原则。

迅速响应至关重要。一旦事件发生，企业应在第一时间积极发声，防止互联网和新媒体上出现片面猜测或单一方向的舆论导向，并持续向公众传达企业的立场与信息。比如，当企业产品出现质量问题被曝光时，企业应立即发表声明，表明已知晓问题，正在展开调查，并承诺后续会及时公布调查结果和解决方案。

透明沟通要求企业诚实公开已知事实，不隐瞒真相，清晰阐述事件的原因、已采取的应对措施以及未来的行动计划。只有这样，才能赢得公众的信任。例如，企业在应对危机事件时，详细说明问题产生的根源是原材料供应环节出现偏差，已更换供应商，并对现有库存产品进行全面检测，同时制定了新的质量管控流程，以确保类似问题不再发生。

责任担当意味着企业要以负责的态度面对受影响的各方，表达同情并承诺主动承担相应的社会责任。若企业生产活动对周边环境造成了污染，企业应主动向周边居民致歉，积极采取措施治理污染，并承诺未来会加大环保投入，改进生产工艺，减少对环境的影响。

（五）充分运用新媒体功能

企业品牌公关工作需要与时俱进，持续关注并运用最新的技术和工具，在与受众沟通时熟练掌握新媒体语言。企业应积极融入社交媒体平台，如SNS、微博和微信等。这不仅仅是简单地使用这些工具，更要善于利用它们开展有效沟通。例如，企业可以通过微博发起话题讨论，吸引用户参与，了解用户对产品或品牌的看法；利用微信公众号推送优质内容，增强与用户的黏性；在SNS平台上举办线上活动，提高品牌知名度和用户参与度。

（六）构建公关团队并管理内部员工

无论是在新媒体时代还是传统媒体时代，企业品牌公关都绝非个人之力所能完成。尤其是在新媒体环境下，组建一支高效的品牌公关团队显得尤为关键。这个团队需要有清晰明确的分工：专人负责社区互动，及时回复用户的咨询与反馈；有人管理博客和微博，发布有价值的内容，塑造企业形象；制定策略和创造话题的人员，负责策划新颖有趣的活动和话题，吸引公众关注；还有专门与媒体记者沟通的人员，维护良好的媒体关系。

此外，在新媒体时代，企业应充分发挥"全员公关"的作用，鼓励全体员工积极参与。例如，动员员工注册并活跃于博客、微博等社交平台，在贴吧、知乎、百科等多个平台上分享专业知识和见解，以此提升企业的品牌影响力、产品认知度以及文化传承。同时，企业要为员工设定明确的传播主题，包括即时、中期和长期的目标，确保对外沟通的一致性和有效性，防止内部产生和传播负面信息。例如，企业可以为员工制定月度传播主题，如"产品优势介绍""企业文化分享"等，并提供相关的资料和指导，让员工能够准确地向外界传达企业的正面形象。

总之，新媒体时代的企业品牌公关是一门全新的学问。从业人员不仅要深入理解新媒体的技术特性和社会心理属性，还需不断学习新的公关方法，适应新媒体的变化，熟练运用新工具，并持续优化策略。唯有如此，企业才能在新媒体环境中实现高效的品牌管理，取得良好的公关成果。

二、新媒体语境下品牌故事化演绎策略

在互联网时代，商业模式的深刻变迁促使营销方式、品牌塑造、传播策略以及创意实践等领域发生了翻天覆地的变化，这些变革正重塑着当下的商业生态系统。在这一变革浪潮中，品牌作为价值链条里的关键一环，其重要性日益彰显。

在传统广告学范畴内，品牌传播和营销工作主要涵盖提高知名度、强化品牌形象、增加产品销量以及维护客户关系这四大类任务。著名营销学家菲利普·科特勒指出，我们正迈入一个以价值为导向的营销新时代。他所提出的营销3.0概念，着重强调合作性、文化性以及精神性的营销策略，其核心聚焦于当下社会化营销极为重视的关系建立与兴趣共鸣这两个维度。基于此理念，营销的目标已从单纯的产品与服务售卖，转变为构建顾客与品牌之间长期稳固的情感联系。Millward Brown（明略行）公司研发的品牌动力模型（Brand Dynamics），通过五个阶段来追踪品牌资产的发展轨迹。该模型分析表明，顾客对品牌的认知和喜好会逐步加深，从最初仅将品牌视为普遍存在，逐步发展到与品牌建立起深厚的情感纽带。

如今，消费者被海量的广告信息和铺天盖地的品牌宣传所包围，他们对那些华而不实的网站以及狂轰滥炸式的广告愈发厌烦。与此同时，注意力资源愈发稀缺，市场竞争也愈发白热化。在这样的大背景下，精心构思品牌信息，并以故事的形式呈现给消费者就显得极为重要。这就要求在能够引发对话的情境中，整合发布与受众相关且能吸引关注、引发讨论的内容（包括用户生成的内容）。如此一来，用户在阅读、评论和分享内容的过程中，能够与自己喜爱的人、产品以及品牌建立起紧密联系，进而围绕品牌形成"网络社群"。

品牌信息的故事化演绎，即将叙事艺术与品牌信息巧妙融合，围绕特定主题，运用视听元素进行创作，形成兼具传播力与话题性的作品。这种方式旨在激发消费者的情感共鸣，无论是欢笑还是感动，促使他们主动分享，从而推动品牌在网络空间实现自发传播。故事化演绎的关键在于借助引人入胜的话题、可视化的表达形式以及鼓励用户主动分享来达成目标。当下，品牌故事化演绎策略主要包含以下几种形式。

第一，以人物为故事构思核心。通过展现人物独特特质来实现品牌传播，也就是让品牌"人格化"。就拿"褚橙"来说，它能够卖出与进口橙子相近的价格，很大程度上得益于褚时健背后的励志故事以及他宠辱不惊的人生态度。褚时健波折起伏的人生经历，以及晚年隐居深山、远离喧嚣的生活哲学，都成为绝佳的故事素材。在生活网的精心策划下，这个被称作"励志橙"的品牌所承载的励志主题与乐观精神，借助公众人物的分享，吸引了越来越多的关注。

第二，把产品或服务本身作为故事构思的起点。不再局限于传统的正面宣传和简单的功能介绍，而是采用故事化手法深入阐释品牌内涵与理念。这在当下的商业微电影中体现得尤为明显。比如，冰激凌品牌可爱多推出的《这一刻，爱吧》系列，通过展现年轻人对待爱情的态度和选择，传递出勇敢追求真爱的主题；英特尔公司为推广超极本新品系列，邀请导演罗曼·科波拉（Roman Coppola）拍摄了"W四部曲"，以艺术化方式展现英特尔自由、前卫、开放的品牌精神以及产品的卓越性能。与以往那种大投入、广泛覆盖、深度渗透的传统传播模式不同，如今在互动平台上，更为关键的是如何激发互联网用户群体的传播活力，将消费者转变为一个个活跃的传播节点。

第三，以特定类型的情感表达作为故事构思的出发点。宾夕法尼亚大学沃顿商学院的乔约·伯杰教授经研究发现，情感是推动人们分享内容的关键因素之一。他在视频网站上观察到，无论是令人捧腹大笑的内容，还是让人义愤填膺的政治话题，都能像病毒一样迅速传播。伯杰教授进一步解释道："任何能引发情绪反应的内容——无论是幽默、惊奇、兴奋、愤怒还是焦虑——都能激发人们的分享欲望。"这种基于情感表达的故事构建，并不一定依赖完整的叙事结构。例如，简单的无厘头恶搞能直接带来欢乐；一张山区女孩渴望上学的黑白照片，便能触动人们内心的爱与怜悯之情。糗事百科推出的《鸭梨公司》便是如此，它有意弱化传统叙事，通过夸张的恶搞和幽默对白增强喜剧效果。同样，现在各大视频网站上有不少专注于吐槽和恶搞的制作团队，他们以提供纯粹娱乐为目的，利用简单直接的情感刺激吸引观众。

随着媒介形态的迅速演变以及信息传播的碎片化，人们接触媒体的习惯发生了显著变化。在移动互联网环境下，品牌信息的传播方式更加多元，涵盖粉丝互动、社群聚集、分享交流以及口碑营销等多个层面。通过故事化方式演绎品牌，不仅能全方位展示品牌信息、内涵与理念，更重要的是实现了品牌与消费者之间的深度对话。这体现了对互联网思维的尊重—关注人性的真实需求，通过简化且回归本质的内容营销重塑品牌形象。一个好故事总能吸引倾听者和分享者，所以在讲述品牌故事时，必须深入了解能触动消费者的"泪点""笑点"和"痛点"。同时，熟练运用视听语言技巧构建引人入胜的故事也至关重要。只有那些基于消费者需求且具备创新性的创意，才有可能取得成功。在新的传播环境中，面对海量增长的信息，品牌的价值将不断提升；而要让品牌在网络空间成为一颗永恒闪耀的"恒星"，就必须通过故事化演绎将其打造成一个能够自由流动的"沟通元"。

三、微电影对企业品牌的广告营销

随着广告市场的持续发展、新媒体技术的不断进步以及受众鉴赏水平的提升，传统的硬性广告形式正逐渐失去吸引力，遭受越来越多的排斥。在此背景下，微电影作为一种新兴的微型视觉文化消费模式，迅速崛起并成为业界新宠，吸引了广泛关注。然而，尽管微电影广告营销展现出巨大潜力，但其发展仍处于初级阶段，存在诸多不完善之处，亟待改进。

（一）微电影广告的定义

1. 微电影

在当今影视行业中，对于微电影的定义，业界尚未达成一致共识。综合网络资料来看，微电影有着独特定位。它是专为各类新媒体平台量身定制的视频短片，十分契合人们在移动设备上观看以及利用休闲碎片化时间欣赏的需求。

微电影虽"微"，却具备完整的策划与系统化制作流程，拥有完整连贯的故事情节。在时长方面，它通常介于30秒至300秒之间，恰到好处地适配了现代人快节奏的生活，让观众能在短暂时间内沉浸于一段精彩故事之中。制作周期相对较短，短则1到7天，长则不过数周，这使得创作者能够更快速地将创意转化为成品。而且，其投资规模较小，制作成本从几千元到几万元不等，这种相对亲民的投入门槛，为众多怀揣创意的团队和个人提供了创作机会。

微电影的内容丰富多样，涵盖幽默搞笑、时尚潮流、公益教育以及商业定制等多个领域的主题。在形式上，它既可以独立成篇，以简洁精炼的方式讲述一个完整故事；也能够组成系列剧集，通过连贯的情节和主题，持续吸引观众的关注，为观众带来丰富的视听体验。

2. 微电影广告

我们可将微电影分为两种主要类型：一种是出于商业目的制作的，另一种则是非商业性质的。非商业性质的微电影，尤其是那些带有公益性质的广告，其核心并非追求经济回报，而是着眼于社会大众的实际需求和利益，致力于促进社会正向价值的传播，并面向全体公民传达信息。这类作品往往聚焦于普通民众日常生活中的点滴故事，通过展现人们的喜怒哀乐来增强观众对于家庭责任、社会道德以及环境保护意识的理解与认同。

商业用途的微电影及相关广告内容，是指那些结合了电影元素并具有一定故事情节的作品，它们通常是为推广特定产品或品牌而由企业资助拍摄。尽管这些作品具备艺术价值并且以电影的形式呈现，但其根本目的是服务营销目标，即通过创新方式提升宣传效果。这种类型的广告不同于传统形式，它不受制于时间长度的严格限制，能够灵活运用各种传播平台，并借助情感化的叙事策略和电影化的表达方式，更深入地刻画品牌的形象及其背后的理念。

（二）微电影广告营销探析

从传播学角度，分析微电影广告的制作模式、特点和优势，探讨其当前发展状况，识别存在的问题并提出改进建议，为微电影广告的长远发展提供参考。

1. 微电影广告的制作模式分析

当前，我国微电影广告的创作模式大致可划分为以下四种。

（1）广告主自行制作，即广告主自行出资，针对自家产品品牌精心打造的微电影广告。此类广告往往投资规模较大，意图清晰，广告信息的融合相对自然。例如，凯迪拉克推出的《一触即发》和《66号公路》微电影广告便是此类模式的典范。

（2）广告主与视频网站携手共创，这种合作模式既能分担成本，又能充分利用视频网站的传播优势。不过，在广告信息的融合上需兼顾广告主和视频网站的利益，有时可能会导致广告信息植入过多。

（3）广告主和视频网站作为主办方，邀请自由创作者参与制作，这类广告在筹备阶段便向自由创作者发出邀请，从而提前吸引大量关注。尽管制作成本通常不高，但作品质量却难以保证。

（4）自由创作者自主创作，这类广告中的广告信息植入往往较少或显得杂乱，制作水平参差不齐。然而，凭借独特的创意，它们有可能在特定受众中迅速传播，甚至像《一个馒头引发的血案》那样一夜成名。

2. 微电影广告传播的特性

（1）传播内容上呈现"三微"特点。微电影广告的三个核心特点可概括为："微时"放映、微制作和"微投资"。首先，微时长意味着这些影片需在极短时间内（通常30秒到5分钟）讲述一个完整且引人入胜的故事，情节设计需紧凑而富有变化。其次，微制作指的是微电影广告的制作过程相对简便快捷，不像传统电影那样需要长时间筹备和拍摄；其制作周期往往仅需几天至几周不等，而且对专业性的要求也较为宽松，降低了参与门槛。最后，微投资表明这类广告相较于传统广告形式，在资金投入上更为经济实惠，成本范围大致从几千元到数万元不等。

（2）传播渠道具有多样性。网络技术的进步为微电影广告的传播开辟了多元化渠道，实现了随时随地的快速分享。随着硬件设备趋向小型化和便携性，信息传播不再受时空限制。如今，微电影广告不仅能在移动设备上轻松传播，还能通过社交媒体平台进行口碑营销。

（3）传播效果具有整体性。在微电影广告的传播过程中，以内容营销为核心，并结合事件营销或病毒营销等策略，整个传播流程呈现出高度的连贯性和系统性，从而达到更深层次和广泛的传播效果。例如，在佳能的《看球记》项目中，其传播策略分为几个阶段：前期以佳能品牌和知名导演姜文作为亮点进行预热；中期则通过网站、论坛发布拍摄花絮和记者探访等消息，持续吸引公众关注；后期则通过新闻发布会等方式进一步造势。整个过程将影片的制作和宣传作为一个连续的新闻事件来处理，确保每个环节都能抓住观众的眼球，最大限度地激发受众的兴趣，并引导他们持续关注。

（4）传播互动性。微电影广告最突出的特点在于其高度的互动性和观众参与度。在传统电视或电影广告中，观众只能被动接收信息，传播方式较为单向。然而，如今的微电影广告允许观众主动选择自己感兴趣的内容进行观看，并通过微博、微信等社交平台与创作者及其他观众互动交流。更进一步的是，借助特定软件，观众还能参与到故事创作中，根据个人创意改编剧情、设计角色发展乃至决定结局，打破了传统影视单向传播的模式。在这种新模式下，观众不再是单纯的旁观者，而是能够积极参与到影片内容的创造过程中，按照自己的想法调整人物设定和故事情节。这种开放式的制作方式使得任何人都有机会参与到微电影广告的创作中来。通过增强互动性，不仅提升了微电影广告的吸引力，也促进了其快速且广泛的传播。

3. 微电影广告营销的制胜策略

优越的政策环境和技术优势为微电影广告营销带来了巨大机遇，但如何抓住这些机遇并充分发挥自身潜力，对微电影广告营销来说也是一个不小的挑战。为此，可通过分析微电影的内容、传播渠道和制作形式等方面，来探讨其优势所在。

（1）软性化宣传。传统广告往往采用直接且硬性的表达方式，难以迎合微时代消费者的口味。相比之下，微电影营销通过柔和的文化渗透策略，巧妙地将品牌文化和理念融入故事情节之中，避免了单纯的噱头传递。这种方式让消费者在不知不觉中接受了品牌信息，在心中悄然树立起企业的形象，并为培养顾客的品牌忠诚度奠定了基础。微电影营销的精髓在于将广告效果与故事内容无缝结合，使广告信息在看似自然的故事叙述中传播。观众在享受故事的同时，潜移默化地接受了广告信息，实现了"润物细无声"的宣传效果。例如，草根组合"筷子兄弟"所拍摄的《老男孩》不仅触动了无数80后网友的心弦，也让背后的广告商获得了广泛的关注。这种"软性"营销方法因其高效且不易引起反感的特点，受到了广告主的高度青睐。

（2）目标受众精准。根据相关数据显示，微电影的主要观众群体集中在 19 岁至 39 岁之间，这一年龄段的观众占比达到了 73%。这群人天生对新事物敏感，具有强烈的创新意识，整体素质较高，并且大多数人都配备了电脑和智能手机。他们对于像微电影这样的新兴网络内容充满好奇，能够快速接受新媒体技术，构成了网络活动的核心力量，同时也是微博、微信等社交平台的主要用户和信息传播者。因此，为吸引这些目标消费者，微电影广告在故事情节设计、情感诉求以及产品呈现等方面都力求贴合该群体的特点，实现个性化营销。同时，利用互联网的优势，在特定的时间向特定的网络族群发布内容，增强了传播的针对性。随着网络亚文化的不断繁荣，营销人员还有机会从这些亚文化群体中发现意想不到的收获，因为这些群体往往引领着社会时尚、音乐、娱乐、创意及态度的新潮流。

（3）有效地实现整合营销。整合营销是确保市场营销成功的关键，这一点同样适用于微电影广告的推广。首先，在微电影从策划到发行的整个过程中，需要进行全面而系统的传播策略规划。这包括从剧本选择、演员海选、明星加盟到新闻发布和后续宣传等各个环节中挖掘亮点，进行巧妙且连续的宣传。通过这种方式，可以在各个阶段制造话题，吸引公众注意。此外，微电影广告应充分利用多样化的平台资源，将传统媒体与新媒体平台有机结合，综合采用多种传播方式，形成多层次、多角度的传播网络，以达到最佳的传播效果。例如，可借助电脑网络和智能手机等现代技术手段，结合微博、微信、视频网站和社交平台等多种新媒体形式，实现链式传播和裂变式传播的融合。通过制造热门话题鼓励广泛的讨论，并积极与网友互动，促进内容的分享和扩散。这种多元化的营销方法不仅最大化地利用了各种传播渠道，还能够激发更多人的兴趣，促使他们关注、转载、评论并参与互动。

（4）制作成本低，性价比高。微电影广告之所以成为行业新宠，其中一个关键因素在于其相对较低的制作成本。与传统电视广告相比，微电影广告在多个方面展现出显著的成本优势。首先，在演员选择上，微电影广告通常不需要依赖大牌明星来吸引观众，而传统电视广告则常常依赖明星效应以确保广告的关注度。其次，传统的电视广告投放成本高昂，尤其是在知名电视台的黄金时段播出时，费用更是按秒计算，价格不菲。相反，微电影广告主要通过手机和网络平台进行传播，收费依据点击率计算，不仅能够实时监测广告效果，还大大降低了广告商的支出。

（5）积极地监测广告投放效果。微电影广告主要依赖网络作为传播渠道，这使得针对特定受众的广告投放效果更易于监测和量化。通过网络平台，企业可利用相关统计工具收集广告的点击次数、分享次数等关键数据，并进行综合分析。

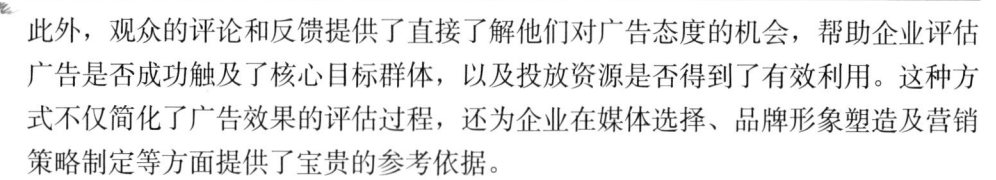

此外，观众的评论和反馈提供了直接了解他们对广告态度的机会，帮助企业评估广告是否成功触及了核心目标群体，以及投放资源是否得到了有效利用。这种方式不仅简化了广告效果的评估过程，还为企业在媒体选择、品牌形象塑造及营销策略制定等方面提供了宝贵的参考依据。

（三）微电影广告营销理论解读

1. 微电影广告营销—病毒式营销与情感营销的结合

（1）病毒式营销。病毒式营销作为一种常见的网络营销策略，利用便捷的"口碑效应"，使信息如同病毒一般快速扩散，实现高效传播。这种方式通过用户的自发分享，形成低成本甚至零成本的爆炸式传播，广泛应用于网站推广、品牌宣传等领域。微电影广告在网络平台上正是巧妙地运用了这种病毒式营销的方式，借助网友的自愿评论、传播和分享来产生影响。随着互联网的普及，人们更加紧密地连接在一起，随时可以共同分享和传播信息。对于微电影广告而言，其主要受众为思想前卫、追求个性化的中青年群体。这些人对新事物充满好奇心，倾向于拒绝传统硬性广告的直接灌输。因此，微电影广告通过其独特的故事情节，能够满足这些网络用户的需求，并触动他们的情感共鸣。此外，当前视频分享平台的一键转载功能、微博的链式传播机制以及社交网络（SNS）网站庞大的用户基础，都极大地促进了网民之间的内容共享，帮助微电影实现了迅速而广泛的传播效果。正是这种病毒式营销的强大传播力，推动了微电影营销的成功。例如，凯迪拉克定制的微电影《一触即发》在网络上迅速走红，并带来了显著的销售增长，充分证明了这一营销方式的有效性。

（2）情感营销。根据马斯洛的"需求层次理论"，随着社会的进步和生活品质的提升，人们对产品的期望已不再局限于满足基本生理需求，而是更加追求通过产品实现自我价值和情感上的满足。在这种背景下，企业的营销策略也随之调整。面对日益饱和的产品市场和愈发严重的商品同质化现象，企业必须重视消费者的个性化需求和情感体验，建立有效的沟通渠道，以赢得消费者的心。因此，情感营销应运而生，成为一种重要的营销手段。"微电影"作为电影艺术与品牌传播在新媒体平台上的创新结合，正是这一趋势的具体体现。它通过情感诉求的方式，将产品特点和品牌形象巧妙地融入影片之中，借助优美的视觉效果和引人入胜的故事线来吸引观众的注意力，并留下深刻印象。微电影利用其丰富的故事情节触动观众内心，不仅吸引了人们的关注，还促使他们对品牌产生好感。这种方式使得品牌营销超越了单纯的广告植入，上升到了情感共鸣的高度，从而有效地实现了营销目标。

2. 微电影广告的推广方式

微电影广告的推广策略主要体现在两个方面。

（1）广告主主导的强势宣传。不同于传统的广告形式，微电影广告在发布初期便会展开类似大型影片上映前的多样化宣传活动，通过一系列预热手段吸引观众的兴趣和期待感，随后择机进行全面投放。例如，凯迪拉克推出的微电影《66号公路》就采用了电影式的宣传手法，包括明星互动竞猜、官方海报和预告片的发布、影评人提前点评以及全网首映等系列活动，成功吸引了大量网友的关注，并最终实现了全面推广。

（2）受众的自发传播。在新媒体时代，观众不再局限于传统媒体环境中的被动接收角色，而是能够充分发挥个人主动性。他们不仅接收信息，还积极参与到信息的筛选、反馈和再创造过程中，并与朋友分享网络内容。这种用户生成的内容传播方式极大地促进了信息扩散。比如，《一个馒头引发的血案》和《一触即发》等微电影广告就是借助了用户的自发分享行为，在没有大量商业投入的情况下获得了广泛传播，取得了显著的成功。

（四）微电影广告营销未来的发展

1. 内容为王

微电影的观众拥有完全的选择自由，对于不感兴趣的内容可以随时跳过或离开。因此，相较于传统广告形式，微电影对创意和内容质量的要求更为严格。要吸引并留住观众的注意力，就必须提供更加引人入胜的内容。由于时长有限，微电影需要在短时间内讲述一个深刻且富有内涵的故事，这对剧本创作提出了更高的挑战。如果只是简单地将产品或品牌硬性植入，可能会引起观众反感，无法达到理想的营销效果。展望未来，微电影广告要想在竞争中脱颖而出，故事性和趣味性依然是不可或缺的核心竞争力，内容的质量仍然是决定成败的关键因素。从传播学的角度看，优质的内容和创新的创意始终是推动传播效果的重要驱动力。一部成功的微电影不仅要紧扣当前的社会热点，还需在故事情节上有所创新，才能真正抓住观众的心，实现有效的营销目的。

2. 走专业化、品牌化道路

随着微电影广告市场的不断发展，竞争日益激烈，但市场格局尚未稳定成型。草根秀虽然一度流行，但也暴露出一些严重的问题，比如容易导致作品质量下滑，出现低俗、庸俗甚至媚俗的现象。为在这一领域中立足并取得成功，必须朝着专业化和品牌化的方向发展。这包括培养专业的制作人才，实施品牌化管理策略。品牌化不仅有助于开拓和稳固市场，还能增强企业的核心竞争力，提升受众的品牌忠诚度。当前，微电影广告的制作已经逐渐走向专业化，吸引了专业团队和知名导演的参与。例如，姜文执导的《看球记》以及徐峥的《一部佳作的诞生》等作品，都体现了这一趋势。

3. 产业化经营

微电影广告虽然名义上属于广告范畴，但其形式和传统广告有着显著的区别。它是一种融合了新媒体、电影艺术与商业广告的创新模式，三者的有机结合不仅赋予了它独特的表现形式，还蕴含着巨大的市场潜力。然而，目前微电影广告的主要盈利途径仍较为单一，主要依赖于广告赞助。如果仅仅强调广告功能而忽略其他重要元素，这将可能削弱微电影广告的艺术独立性和创作自由。为实现更可持续的发展，微电影广告需要走向产业化经营的道路，不能仅限于通过广告或点击率来获取收益。除了传统的广告收入外，还应积极探索和开发衍生产品及服务，构建多元化的盈利模式。例如，可通过开发周边商品、授权合作、内容付费等多种方式，形成一系列稳定的盈利点，从而在保持作品艺术性和独立性的基础上，进一步挖掘其商业价值。

4. 精准营销

根据受众的文化背景、经济状况和个人成长等影响其感知和理解的因素，首先对目标群体进行分类，随后为每个特定用户群体量身打造微电影内容，旨在触动他们的心弦。比如，七喜推出的广告短片《史上最爽的七件事》就特别针对了年轻一代。该广告以一个宅男经历的一场奇幻梦境为核心。

四、基于微信公众平台的互联网企业品牌传播

（一）品牌主体差异化和个性化定位

在基于微信公众平台的互联网企业品牌传播中，品牌主体的差异化和个性化定位至关重要。企业运营微信公众号时，需组建一个 2—3 人的专业团队，以保障高质量的内容产出与服务提供。

首先，要精准确定公众号的目标用户群体以及平台功能。对公众号的风格、排版、文风、头像、简介以及自定义菜单等元素进行统一规划，确保它们与企业整体形象高度契合。例如，一家科技类企业，其公众号风格可偏向简洁、现代，文风严谨且专业，以此展现企业的科技感与专业性。

其次，深入剖析行业内优秀公众号的运营模式。通过借鉴其成功经验，结合自身企业特色，制定出具有独特性的品牌推广策略。比如，分析同行业中粉丝活跃度高的公众号，研究其内容选题、互动方式等，从中探寻差异化竞争的方向。

再者，在日常运营中，制定周、月、季度计划不可或缺。并且，每两周对后台数据进行统计分析，这是洞察用户需求、优化内容推送的核心环节。通过数据分析，了解用户的阅读习惯、偏好的内容类型等，从而有针对性地调整内容策略。

最后，为塑造独特的品牌个性，使用户在提及、讨论或看到相关标识时能迅

速联想到特定品牌，企业在策划和运营微信公众号时，应着力打造与众不同的品牌形象。相关统计显示，85%的用户认为可通过企业微信公众号深入了解品牌。在超1000万个注册用户的激烈竞争环境下，"拟人化"形象定位成为企业脱颖而出的有效策略之一。即便粉丝可能记不住品牌具体名称，也容易对形象独特、性格鲜明的"拟人化"角色印象深刻，进而形成品牌记忆点。以杜蕾斯为例，其塑造的"杜杜"形象，调皮、卖萌又略带俏皮感，与品牌特性紧密契合，借助敏感的两性话题强化品牌形象；星巴克中国打造的"小星"，是一位懂得品味咖啡、享受生活的"小资少女"，与品牌调性完美匹配。这种"拟人化"形象，将原本高高在上、刻板的企业形象转化为亲切、平等、贴近生活的朋友角色，拉近了账号与粉丝的距离，增强了粉丝对平台的黏性与参与度，进一步加深品牌印象，推动品牌广泛传播。

此外，构建行业标识，努力在微信公众平台成为行业领头羊也十分关键。从用户需求出发的传播原则表明，企业官方微信账号不仅要追求品牌推广的最佳效果，更要重视用户实际需求，以此在用户心中树立正面的品牌认知。同时，微信公众平台作为新兴的品牌传播媒介，在诸多领域尚未形成公认的领导型企业。企业若能尽早入驻该平台，快速吸引消费者关注，便能更快实现"平台标签化"。

（二）与品牌形象高度贴合的内容导向促发分享行为

从传播主体视角看，微信传播方式包含企业公众号与粉丝间的广播及互动、朋友间私聊、社群交流以及朋友圈内容分享。后两种传播形式的效果，很大程度上依赖于用户间多层次的互动与分享活动。与传统媒体相比，社会化媒体在信息扩散的广度和深度上有更大突破，其多对多的交流模式实现了信息的N级传递，远非传统媒体通常仅能达到的一级或二级传播可比。

传统媒体信息传递单向且固定，而社会化媒体提供双向互动平台，让用户可自由参与内容讨论与分发，促进无障碍交流，构建起庞大复杂的网状信息流通网络。

依据满足理论，传播活动应以受众需求为导向，传播效果与需求满足程度呈正相关。对于微信公众平台而言，品牌传播效果很大程度取决于粉丝需求是否得到充分满足。从心理学角度，用户转发和分享行为常源于强烈的自我表达愿望，期望通过分享内容传达个人思想、观点和生活态度，塑造自己在朋友圈的形象。因此，品牌方支持用户分享可从以下两方面着手：

第一，给予用户分享内容的支持。为推动用户分享行为，品牌内容的多样性以及与用户生活的紧密关联至关重要。企业需深入了解潜在用户及微信公众平台用户的特性与需求，明确目标受众的行为模式和兴趣点。基于这些洞察，开发既符合用户喜好又与品牌强关联的内容，激发用户分享意愿。比如，在生活服务类帖子中，可巧妙融入品牌提供的相关服务信息；在知识普及类内容里，结合品牌产品或理念进行讲解；在娱乐趣味类文章中，自然植入品牌元素；在公益活动类资讯中，展现品牌的社会责任，以此增加内容的传播价值。

第二，给予分享与转发的奖励支持。例如，部分订阅号通过提供小礼物来激励粉丝分享文章。这一举措既能增强推广效果，又是有效的互动方式，有助于在粉丝心中建立品牌正面认知。当然，平台承诺的奖励必须切实兑现，否则不仅损害平台信誉，还会对品牌形象造成负面影响。

（三）强化互动，建立粉丝对品牌的好感

微信公众号的价值可通过忠诚粉丝的黏性来衡量。黏性越强，公众号对粉丝影响力越大，越有利于企业品牌传播。除优质内容提升粉丝关注度外，频繁互动也是增强品牌好感、引发共鸣的重要途径。微信公众平台依托庞大用户群体，以互动功能便捷著称。

一方面，企业可策划多样化的线上线下互动活动，针对不同消费群体提升粉丝与品牌的关联度，并持续为用户提供有价值的内容和服务。比如，针对年轻消费群体，举办线上创意比赛；针对中老年消费群体，开展线下健康讲座等。这样不仅能增强用户对品牌和企业的归属感，还能在活动中加深其对品牌的印象，形成积极正面的品牌认知，进而激发口碑传播，借助用户参与扩大品牌影响力。

另一方面，构建虚拟的品牌传播空间，通过与粉丝深度互动培养用户忠诚度。微信社群是企业公众号发展忠实用户的重要平台。创建具有高度认同感的社群环境，能牢牢"圈"住用户的心。公众号运营者应定期组织相关话题讨论，让用户切实感受到社群价值。当用户在社群中获得良好体验后，会逐渐建立依赖和信任。此时，企业可顺势举办一系列利于品牌建设的线上活动，让用户时刻感受企业价值观和文化氛围。同时，在社群建设和挖掘忠实用户过程中，发现并培养意见领袖极为关键。这些意见领袖在引导和影响其他用户方面，尤其是处理热门话题和突发事件时，能发挥关键作用。

（四）适应碎片化阅读习惯并表达品牌内涵

腾讯发布的微信公众平台用户订阅情况报告显示，73.4%的微信用户关注了媒体和企业账号，其中41.1%为获取信息，36.9%为方便日常生活，13.7%为学习知识，这四个主要目的占总比例的91.7%。可见，微信用户使用公众平台主要集中在资讯获取、生活便利和知识学习方面。因此，内容的丰富性和实用性是企业运营公众号时必须重视的关键因素。然而，企业公众号还肩负着传递品牌信息的重任。若强行附加品牌宣传，可能削弱内容质量和吸引力。为平衡提供有价值信息与推广品牌，企业可采用嵌入式内容策略，将品牌信息自然融入高质量资讯

中。例如，在一篇关于健康生活的文章里，巧妙提及企业生产的健康产品，用户在阅读有用信息时，不知不觉接收品牌信息，实现两者和谐统一。

当然，内容创作和传播需契合当前用户阅读习惯。在社交媒体，尤其是微信上，碎片化阅读已成为普遍现象，这既体现了微信的传播特点，也是多数社交媒体的共性。由于社会化媒体主要通过手机等移动设备传播，成为用户打发碎片时间的重要工具。所以，微信公众平台信息传递需适应"短平快"节奏，即信息简短、更新快速、来源多样且分散。基于这种碎片化传播方式，企业进行品牌推广时，应灵活运用多角度、多样化方法，而非局限于单一类型或固定模式的内容推送。无论是展现品牌形象还是表达品牌价值，都应采用创新方式吸引用户。当内容触动用户心弦且被认为有价值时，用户更可能将链接分享到朋友圈。如此，品牌既能在用户心中留下深刻印象，又能借助用户分享实现更广泛传播。

参考文献

[1] 程琳. 现代经济管理探析 [J]. 纳税, 2018(31):218.

[2] 邓驰. 电子商务在现代经济管理中的应用 [J]. 商展经济, 2023(11):63–66.

[3] 杜春艳. 对现代经济管理的分析论述 [J]. 现代经济信息, 2013(18):166.

[4] 杜向红. 现代经济管理下风险的分析与防范 [J]. 现代经济信息, 2013(14):107–108.

[5] 傅淑丽. 社会主义市场经济与现代经济管理制度 [J]. 创造, 1997(07):22–24.

[6] 葛江浩. 探讨传统经济管理理念对现代经济管理的影响 [J]. 中小企业管理与科技 (中旬刊),2015(02):40–41.

[7] 公茂林. 现代经济管理的几大特点 [J]. 职业, 2011(03):17.

[8] 顾欣. 现代企业经济管理中信息化的应用与实现途径研究 [J]. 商场现代化, 2024(10):116–118.

[9] 郭宝林. 基于传统经济管理思想分析现代经济管理实践的优化路径 [J]. 大众投资指南, 2017(10):3.

[10] 郭德伟. 现代经济管理的表现与发展研究 [J]. 现代经济信息, 2016(24):95.

[11] 郭颖. 现代经济管理模式的规范化探究 [J]. 中小企业管理与科技 (中旬刊),2014(12):59.

[12] 郭玉芬. 现代经济管理基础研究 [M]. 北京：线装书局, 2022.

[13] 洪艺彬. 现代经济管理探析 [J]. 现代经济信息, 2012(11):20.

[14] 华涛, 刘雅卉. 现代经济管理基本问题探讨 [J]. 河北企业, 2013(03):9–10.

[15] 江博天. 企业现代经济管理模式规范化建议 [J]. 中国市场, 2016(40):54–55.

[16] 江海洋. 传统经济管理思想对现代经济管理的影响研究 [J]. 中国科技投资, 2012(24):13–14.

[17] 李常丽. 中外现代经济管理模式差异分析 [J]. 辽宁经济, 2004(07):89.

[18] 李佳虹. 电子商务在现代经济管理中的应用 [J]. 营销界, 2020(31):57–58.

[19] 李凌云. 大数据在现代经济管理中的应用探究 [J]. 经济师, 2021(09):294–295.

[20] 李文生. 浅析经济信息在现代经济管理中存在的问题和对策 [J]. 散文百家 (新语文活页),2018(06):241.

[21] 李晓婷.现代经济管理中应用大数据技术的建议[J].中国市场,2022(22):194–196.

[22] 林芳.规范化管理理念下现代经济管理模式在事业单位中的应用[J].现代商业研究,2023(03):113–115.

[23] 刘佳青.传统经济管理思想对现代管理模式的影响[J].现代经济信息,2015(03):48.

[24] 刘彦文.经济管理现代化发展趋势概述[J].中国市场,2014(29):84–85.

[25] 秦建春.传统经济管理思想下的现代经济管理探讨[J].中国乡镇企业会计,2017(11):161–163.

[26] 茹艺璇.电子商务在现代经济管理中的运用研究[J].产业创新研究,2024(09):166–168.

[27] 沙志云.现代信息技术在企业经济管理中的应用[J].经贸实践,2016(01):268.

[28] 苏萌.浅谈电子商务在现代经济管理中的应用[J].财会学习,2018(26):195.

[29] 孙树旺.略论现代经济管理的传统表现[J].科技创新导报,2015(01):175.

[30] 孙妍焱.浅析大数据在现代经济管理中的应用[J].现代商业,2018(16):95–96.

[31] 汪玲.探析传统经济管理思想对当代经济管理实践的启示[J].科技资讯,2017(09):150.

[32] 王建伟.经济管理的实践与创新[M].北京:中国原子能出版社,2021.

[33] 王瑾.电子商务在现代经济管理中的应用[J].商业文化,2020(12):66–67.

[34] 王俊文,周晓枫.新媒体时代企业市场营销的创新策略研究[M].哈尔滨:哈尔滨出版社,2022.

[35] 王秀亭,刘林海,黄静玮.经济管理理论与创新发展研究[M].哈尔滨:哈尔滨出版社,2023.

[36] 魏忻昱.现代经济管理中电子商务的应用[J].知音励志,2017(10):194.

[37] 肖芳.试析现代经济管理中电子商务的应用措施[J].山西农经,2019(22):32–33.

[38] 徐桃花.探讨传统经济管理理念对现代经济管理的影响[J].广东科技,2012(15):182–183.